[illegible]

[illegible]

"一带一路"背景下投资与风险研究丛书

ONE BELT & ONE ROAD

投资战略与公司价值

Investment Strategy and Company Values

尹美群　吴　博　成思娴　张小燕　李晓宁◎著

经济管理出版社
ECONOMY & MANAGEMENT PUBLISHING HOUSE

图书在版编目（CIP）数据

投资战略与公司价值 / 尹美群等著 . — 北京：经济管理出版社，2021.1
ISBN 978-7-5096-7739-1

Ⅰ . ①投… Ⅱ . ①尹… Ⅲ . ①上市公司—投资战略—研究—中国 Ⅳ . ① F279.246

中国版本图书馆 CIP 数据核字（2021）第 025446 号

组稿编辑：王光艳
责任编辑：杜羽茜
责任印制：黄章平
责任校对：王淑卿

出版发行：经济管理出版社
（北京市海淀区北蜂窝 8 号中雅大厦 A 座 11 层 100038）
网　址：www.E-mp.com.cn
电　话：（010）51915602
印　刷：北京晨旭印刷厂
经　销：新华书店
开　本：710mm × 1000mm/16
印　张：11
字　数：159 千字
版　次：2021 年 5 月第 1 版 2021 年 5 月第 1 次印刷
书　号：ISBN 978-7-5096-7739-1
定　价：68.00 元

联系地址：北京阜外月坛北小街 2 号
电话：（010）68022974 邮编：100836

前言

2000多年前，亚欧大陆上勤劳勇敢的人民，探索出多条连接亚欧非几大文明的贸易和人文交流通路，后人将其统称为“丝绸之路”。千百年来，“和平合作、开放包容、互学互鉴、互利共赢”的丝绸之路精神薪火相传，推进了人类文明的进步，不仅是促进沿线各国繁荣发展的重要纽带，也是东西方文化交流合作的象征，更是世界各国共有的历史文化遗产。

进入21世纪，在以和平、发展、合作、共赢为主题的新时代，面对复苏乏力的全球经济形势，纷繁复杂的国际和地区局面，传承和弘扬丝绸之路精神显得更加重要和弥足珍贵。

2013年9月和10月，中国国家主席习近平在出访中亚和东南亚国家期间，先后提出共建“丝绸之路经济带”和“21世纪海上丝绸之路”的重大倡议（合称“一带一路”倡议），得到国际社会的高度关注。中国国务院总理李克强在参加2013年中国—东盟博览会时强调，铺就面向东盟的海上丝绸之路，打造带动腹地发展的战略支点。加快“一带一路”建设，有利于促进沿线各国的经济繁荣与区域经济合作，加强不同文明间的交流互鉴，促进世界和平发展，是一项造福世界各国人民的伟大事业。

“一带一路”建设是一项系统工程，要坚持“共商、共建、共享”原则，积极推进与沿线国家发展战略的对接。积极推进实施“一带一路”重大倡议，让古“丝绸之路”焕发新的生机活力，以新的形式使亚欧非各国联系得更加紧密，互利合作迈向新的历史高度。

中国企业对“一带一路”国家的投资仍面临风险。大部分参与国为发展中国家，其基础设施相对落后，道路与通信设施较不完善。此外，沿线国家横跨中亚、西亚、非洲，各国政治、社会、法律环境差异显著；部分国家政局不稳、民族和宗教冲突问题突出，少数国家甚至发生军事冲突、恐怖袭击和暴力等极端事件，成为外商投资的重要风险点。因此，企业在进行海外投资前需要对目标国家进行审慎评估，在把握发展战略机遇的同时甄别、评估风险，从而提升投资回报和海外运营的可持续性。

投资合作既是“一带一路”建设的主要内容，也是实现“一带一路”宏伟蓝图重要基石。但是，“一带一路”沿线国家国情不同，投资政策各异，呈现出复杂化和网络化的特点；加之中国与沿线国家之间投资协定较为滞后，给投资合作的有效推进造成不小障碍。因此，有必要在“一带一路”框架下，推进投资规则的协调发展，减少投资障碍，改善投资环境，加强投资保护，创新规则理念，构建沿线国家间完善、有效、协同的投资规则，从而促进域内投资的健康发展。

当今世界正处于大发展、大变革、大调整时期，和平、发展、合作仍是时代潮流。展望未来，共建“一带一路”既面临诸多问题和挑战，也充满前所未有的机遇和发展前景。这是一项事关多方的倡议，需要同心协力；这是一项事关未来的倡议，需要不懈努力；这是一项福泽人类的倡议，需要精心呵护。我们相信，随着时间的推移和各方的共同努力，共建“一带一路”一定会走深走实，行稳致远，成为和平之路、繁荣之路、开放之路、绿色之路、创新之路、文明之路、廉洁之路，推动经济全球化朝着更加开放、包容、普惠、平衡、共赢的方向发展。

笔　者

目录

第一章

绪论

第一节　研究背景与意义

一、研究背景

2019年是习近平同志提出“一带一路”倡议的第6年。6年间,“一带一路”倡议逐渐从理念转化为行动，从愿景转变为现实。自2016年“一带一路”倡议载入联合国大会决议以来，至今已有150多个国家和国际组织同中方签署了共建“一带一路”合作文件，“一带一路”倡议在全球的影响力越来越强。习近平同志在党的十九大报告中指出，“中国特色社会主义进入了新时代”，这表明中国经济发展进入了从高速增长到高质量增长的新时期，“一带一路”倡议在全球纵深发展，也引领中国的对外投资进入了新阶段。

在2017年10月召开的中国共产党第十九次全国代表大会上，习近平同志强调，要以“一带一路”建设为重点，坚持“引进来”和“走出去”并重，遵循“共商、共建、共享”原则，加强创新能力开放合作。我们发现，第一，“一带一路”倡议引领下的中国对外投资，并不是单向的中国企业“走出去”，很多“走出去”是为了“引进来”，即在国际间进行配置资源；第二，“一带一路”倡议不是中国强加于其他国家的，而是各国共商共建共享，实现合作共赢的新平台，是构建人类命运共同体的有效路径。

在“一带一路”倡议不断深化的过程中，越发凸显“一带一路”倡议不是一个地理概念，欢迎所有国家参与，但是目前有建设重点区域[①]。以“一带一路”产能合作为例，建设的重点区域为“一轴两翼”的46个国家，其中以我国周边国家为“主轴”，包括哈萨克斯坦等15

① 参见德勤2018年发布的白皮书《新阶段　新机遇——“一带一路”倡议纵深发展背景下对外投资的趋势和解决方案》。

个国家；以非洲、中东和中东欧为“西翼”，包括埃塞俄比亚、津巴布韦、伊朗、罗马尼亚等24个国家；以拉美国家为“东翼”，包括巴西、智利等6个国家。

“一带一路”的相关行业，也不仅局限于基础设施建设行业，已扩展到当地发展涉及的各行各业。在“一带一路”倡议起步阶段，基础设施建设是各国最为急需的，发展也最为迅猛，但目前，贸易、金融、互联网、文化、教育、旅游等行业在“一带一路”中所占比例逐步加大。在“一带一路”国际产能合作方面，也开始呈现出传统产业与高端产业并举的趋势。可以预见，随着相关国家发展需求的变化，中国与各国在“一带一路”倡议下开展合作的行业将越来越多元。

德勤全球“一带一路”服务团队表示[①]，“一带一路”即将进入另一个新阶段，预测将呈现四大趋势：①双边及多边合作机制的优化将推动实现“新全球化”；②引进多元化股东与合作伙伴；③跨境并购将取代绿地投资，成为主要的投资方式；④针对中国企业境外投资的监管规定将会进一步加强。在“一带一路”逐渐深化的过程中，中国与“一带一路”国家之间的投资经营的特点也发生了深刻的变化。

首先，双边及多边合作机制的完善推动“新型全球化”的实现。当前，世界经济复苏依旧乏力，“逆全球化”思潮升温。根据世界银行提供的数据，全球进出口贸易额占GDP比重从2011年的61%下降至2016年的56%，连续6年下跌。这表明世界贸易在退潮，各国之间的联系在下降，商品、投资和人才的全球流动势头出现了一定程度上的减弱。中国提出的“一带一路”倡议以“共商、共建、共享”为原则，以构建人类命运共同体为远景，赋予了全球化新的内涵，将使全球化进程更有活力、更加包容、更可持续。以开放性与包容性为践行准则，中国已经先后和86个国家和组织签署了101个合作协议。同时，“一带一路”倡议还对接了沿线区域内现有合作机制与平台，如上海合作组织（Shanghai Cooperation Organisation，SCO）、亚太经合组织（Asia-Pacigic Economic Cooperation，APEC）、博鳌亚洲论坛（Boao

① 参见德勤2019年发布的白皮书《2019“一带一路”报告——展望新空间，把握新机遇》。

Forum for Asia，BFA）等。在亚洲基础设施投资银行（以下简称“亚投行”）、丝路基金等多边平台的支持下，“一带一路”合作机制双边与多边齐头并进。在“一带一路”所倡导的合作模式下，全球化不再仅仅是将生产地从高成本地区转到低成本地区，从而伴随着工作机会的转移，创造出所谓“赢家”和“输家”，而是对接投资区域的当地发展战略，创造与上下游企业的协同效应，可以将采购、生产、销售都转到当地，打造贯穿产业链的生态圈，切实为当地带来经济效益与就业机会。“一带一路”所引领的新型全球化，也不再是构筑排他性的贸易保护圈子，而是实现真正的互利共赢，实现全球的共同发展。

其次，“一带一路”项目投资的参与者正呈现多元化态势。“一带一路”建设初期，国有企业领衔相关建设和投资，目前民营企业、外资企业的参与程度也在不断扩大。有些欧美成熟跨国企业和金融机构已经通过和中国企业的合作，借助“一带一路”的机会，获得了实实在在的业绩增长。例如美国通用电气公司，受益于“一带一路”建设，来自中国公司的燃气轮机以及其他能源设备订单迅猛增长，2017年该类设备销售额较2013年增长超过200%。国际金融机构也正在积极捕捉“一带一路”倡议发展机遇。例如渣打银行，2017年渣打银行参与“一带一路”倡议相关交易价值总额超过100亿美元，并表示将在2020年底前为“一带一路”倡议相关项目提供总值至少200亿美元的融资支持。此外，为了减小海外投资风险，并能在当地持续发展，将来各类企业寻找合适的当地合作伙伴成立合资公司等形式会越来越多。

再次，跨国并购取代绿地投资成为主要投资方式。十多年前，工程承包是中国企业走出国门的主要方式，多数是以施工、土建为主的项目，企业主要扮演的是“总承包商”的角色。随着技术水平与经营能力的提高，企业纷纷开始探索采用绿地投资、PPP、跨国并购等多种模式。特别是跨国并购，近年来正在迅速崛起。与其他投资模式相比，跨国并购并不需要很长的建设期，因此成为许多想要加快市场规模、提高速度，在短时间内进入目标市场的跨国公司的首选方式。另外，并购可以帮助企业获得目标企业的关键能力与无形资产，比如研究与开发能力、商标、商誉、技术、管理、销售渠道等，并且可以通过一定的跨领域并购来实现企业业务组合的优化。商务部数据显示，2013~2016 年，中国企业海外并购的项目数量以平均每年 16% 的速度增加。2017 年，由于国家对某些非重点行业的对外投资加强了监管及资金出境限制，海外并购项目数量较 2016 年下降了 55%。虽然数量有所下滑，但并购质量正在提升，与国家战略的相关性也在提高。从产业来看，高科技、工业和消费成为海外并购最为活跃的领域。比如，中国化工集团公司并购瑞士先正达和新加坡 Halcyon 公司、美的集团并购德国库卡等，这将对提升中国企业在全球价值链中的地位和加快国内经济转型升级产生积极影响。从目的地来看，对欧美企业的并购大幅下降，对“一带一路”沿线国家企业的并购数量和金额则显著上升。2017 年，中国企业对“一带一路”沿线国家企业实施并购 62 起，投资额达 88 亿美元，同比增长 32.5%。

最后，对外投资的监管将进一步加强，对外投资的质量和效益提升。商务部数据显示，与 2016 年全年对外投资额年激增 44.1% 形成鲜明对比，2017 年中国对外直接投资 1246.3 亿美元，同比下降 32%，房地产、酒店、影城、娱乐业和体育俱乐部等领域新增项目数量为零。这一变化主要与国家外汇管理局、商务部、财政部发布的《关于进一步引导和规范境外投资方向的指导意见》《国企境外投资管理办法》《民营企业境外投资经营行为规范》《企业境外投资管理办法》等一系列加强对外投资真实性、合规性审查政策有关。在监管部门的引导下，中国企业的非理性对外投资行为得到了遏制，投资和整体战略的相关性增加，风险防控意识和跨国经营能力不断加强。尽管短时间内，中国企业对外投资规模有所下降，但从长远来看，中国的对外投资规模会进一步增长，整体投资结构将更加优化，投资质量和效益进一步提升，在全球范围内的资源配置能力将不断增强。

如今，“一带一路”不仅是发展中国家的代名词，还将为意大利、卢森堡、瑞士等发达国家创造了更多机遇。2019 年 3 月，意大利成为第 130 个签署共建“一带一路”谅解备忘录的国家，提升了“一带一路”倡议的信誉度[①]。此前，已有部分欠发达的欧盟国家加入“一带一路”，而意大利是欧洲四大经济体之一，同时也是首个加入“一带一路”倡议的七国集团成员国，为“一带一路”倡议注入了新的动能。2019 年 4 月 25~27 日，第二届“一带一路”国际协作顶峰论坛在北京举行。在本次峰会期间，瑞士决议与中国共同签署“一带一路”合作备忘录，成为继意大利、卢森堡后第三个宣布参加“一带一路”的欧洲重要国家。瑞士作为一个位于欧中中心的国家，既没有参加欧盟，也没有加入欧元区，其对远在东方提出来的“一带一路”积极响应，说明我国“一带一路”朋友圈的扩展，具有真正的吸引力和生命力。

在“一带一路”进程中，作为“一带一路”的主力军以及我国微观层面最活跃的经济体，企业在这一过程中发挥着举足轻重的作用，是“一带一路”建设的实施主体和中坚力量，“一带一路”建设也为中国企业“走出去”带来了新的机遇。2013~2019 年，“一带一路”建设中中国企业的热情持续高涨，从开展工程项目建设，到进行绿地投资、跨国并购，中国企业不断加快“走出去”的步伐。2017 年，国家信息中心“一带一路”大数据中心发布《“一带一路”大数据报告（2017）》，利用大数据技术全面评估“一带一路”建设的进展与成效。该报告综合考虑了企业性质、企业规模、参与程度等因素，最终确定包括跨国企业、《财富》世界 500 强榜单中的中国大陆企业以及重点民营企业在内的 204 家中国企业参与测评。报告对上述企业参与“一带一路”话题相关的 160 亿条进行提取和分析，得出了“一带一路”企业影响力榜单（见表 1-1）。榜单显示，参与“一带一路”建设影响力较大的企业，主要来源于北京、上海、广东等发达城市。从企业性质来看，央企占 36%，地方国企占 20%，两者相加代表的国有性质企业总共占 56%，成为中国企业出海的“排头兵”。当然，民营企业在“一带一路”沿线国家的影响力也开始显现。在榜单中，民营企业的占比高达 42%。而且，大部分是上市公司，说明上市公司在“一带一路”建设中发挥了巨大作用。

---

① 参见德勤 2019 年发布的白皮书《2019“一带一路”报告——展望新空间，把握新机遇》。

表 1-1 “一带一路”企业影响力前 50 名榜单

排名	企业名称	排名	企业名称
1	国家电网公司	26	广东粤海控股集团有限公司
2	国家电力投资集团公司	27	河北津西钢铁集团股份有限公司
3	中国石油天然气集团公司	28	联想控股股份有限公司
4	中国石油化工集团公司	29	中天钢铁集团有限公司
5	阿里巴巴（中国）有限公司	30	河钢集团有限公司
6	中国铁建筑总公司	31	北京汽车股份有限公司
7	中国中车股份有限公司	32	恒大集团
8	华为技术有限公司	33	东风汽车集团股份有限公司
9	中国银行	34	海信集团有限公司
10	中国移动通信集团公司	35	万达集团
11	碧桂园控股有限公司	36	中国海洋石油总公司
12	北京建工集团有限责任公司	37	中国交通建设集团有限公司
13	北京首都创业集团有限公司	38	中国化工集团公司
14	腾讯控股有限公司	39	上海复星高科技（集团）有限公司
15	中国华电集团公司	40	中国建设银行
16	国泰人寿保险股份有限公司	41	上海建工集团股份有限公司
17	华侨城集团公司	42	三一集团
18	交通银行	43	广东省航运集团有限公司
19	中国电力建设集团有限公司	44	中国农业银行
20	光明（食品）集团有限公司	45	江西铜业集团公司
21	马钢（集团）控股有限公司	46	京东集团
22	海航集团	47	广州汽车集团股份有限公司
23	比亚迪股份有限公司	48	广州越秀集团有限公司
24	绿地控股集团股份有限公司	49	TCL 集团股份有限公司
25	美的集团股份有限公司	50	山东如意集团

资料来源：国家信息中心“一带一路”大数据中心．“一带一路”大数据报告（2017）［M］．北京：商务印书馆，2017.

商务部在2019年4月18日召开的例行新闻发布会上表示，2013~2018年，中国企业对“一带一路”沿线国家直接投资超过900亿美元，年均增长5.2%。在沿线国家新签对外承包工程合同额超过6000亿美元，年均增长11.9%。截至目前，中国企业在“一带一路”沿线国家建设了一批境外经贸合作区，累计投资超过300亿美元，成为当地经济增长、产业集聚的重要平台，带动东道国就业近30万人。

推进“一带一路”建设中，中国企业参与“一带一路”建设影响力不断提升。2014~2017年，中国企业“一带一路”企业影响力平均得分从41分提高至63分，增长了53.66%（见图1–1）。

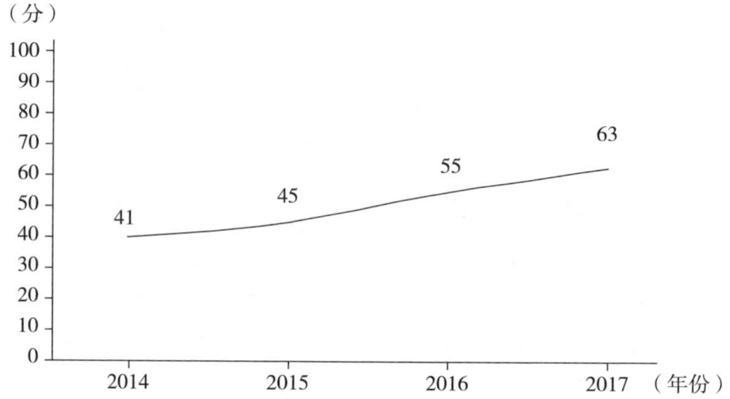

图1–1 2014~2017年中国企业“一带一路”企业影响力得分

在这一过程中，中国企业的亮点是在东道国建立了一系列境外经贸合作区。境外经贸合作区是中国企业对外投资的一个重要平台，是中国企业和“一带一路”相关国家开展产业合作的有效载体。据商务部统计，目前中国在国外共建的境外经贸合作区累计投资已经接近400亿美元，这些园区为东道国贡献了30多亿美元的税费、30多万个就业岗位，其中与“一带一路”沿线国家共建的境外经贸合作区占全部合作区的70%以上[①]。中国境外经贸合作区的建设情况如表1–2所示。

① 资料来源：中国境外经贸合作区投促办公室网站。

表 1-2 2019 年“一带一路”重点境外经贸合作区一览

序号	区域	国别	园区名称	主导产业	入驻企业数量（个）
1	亚洲地区	泰国	罗勇工业园	汽摩配及其零部件、新能源、新材料、机械、电子、五金	120
2		越南	龙江工业园	电子、电器类产品、机械、木制品、轻工业、建材、食品、生物制药业、农林产品加工、橡胶、包装、化妆品、纸业、新材料、人造纤维	45
3		柬埔寨	西哈努克港经济特区	前期以纺织服装、箱包皮具、木业制品等为主要发展产业，后期将发挥临港优势，重点引入五金机械、建材家居、精细化工等产业	153
4		巴基斯坦	巴基斯坦拉沙卡伊特别经济区	农产品加工、家电、家居建材、电动车、汽车及零部件、新能源、纺织服装、生物医药	在建
5		巴基斯坦	海尔—鲁巴经济区	海尔家电业务（冰箱、冷柜、洗衣机、空调、商用空调、厨电）及上下游配套	3
6		印度尼西亚	中国印尼综合产业园区青山园区	就地将镍资源优势转化成经济优势，逐步构建镍铁和不锈钢生产、加工、销售的产业链	22
7		老挝	万象赛色塔综合开发区	能源化工、电子产品制造、生物医药、农产品加工、纺织品加工、仓储物流、商贸服务、总部经济、大健康产业	72
8		印度尼西亚	中国印尼经贸合作区	汽配制造、机械制造、农产品精深加工、建材、仓储物流、保税物流、精细制造、智能制造、商业餐饮及酒店配套	34
9		印度尼西亚	聚龙农业产业合作区	农业种植开发、农产品初加工、精深加工，配套发展仓储、物流	17
10		文莱	大摩拉岛境外经贸合作区	发展炼油和化工品上下游产业链，配套物流、码头、贸易、信息等	82

续表

序号	区域	国别	园区名称	主导产业	入驻企业数量（个）
11	亚洲地区	阿拉伯联合酋长国 阿治曼酋长国	阿治曼中国城	全天候超大型中东中国商品批发采购交易中心	2105
12		越南	（深圳—海防）经贸合作区	聚焦轻工制造，重点引进电子、机电行业的企业	20
13		印度尼西亚	华夏幸福印度尼西亚卡拉旺产业新城	汽车及零部件、绿色建材、都市食品、消费电子、现代物流以及中小企业创新	10
14	非洲地区	埃及	中埃·泰达苏伊士经贸合作区	新型建材、石油装备、高低压设备、机械制造	77
15		埃塞俄比亚	东方工业园	建材、鞋帽、纺织服装、汽车组装和金属加工	100
16		赞比亚	中国经济贸易合作区	谦比希园区：形成有色金属矿冶产业群延伸有色金属加工产业链 卢萨卡园区：商贸物流、增值加工、现代办公、自由贸易区	62
17		尼日利亚	莱基自贸区	商贸物流、产品加工制造业、房地产	141
18		吉布提	国际自贸区	物流、商贸、家居建材、电器、汽车及配件、机械设备、家具、电工电气等	60
19		乌干达	境外农业经济贸易合作区	“研、种、养、加、贮、贸”全产业链	6
20		毛里求斯	晋非经济贸易合作区	文化旅游、金融商务	40
21		塞拉利昂	国基工贸园区	生产加工区、商品保税区、商品展览中心、生产办公区等组成的加工制造型产业园区	17

续表

序号	区域	国别	园区名称	主导产业	入驻企业数量（个）
22	非洲地区	南非	海信工业园	冰箱、电视	7
23		坦桑尼亚	环维多利亚湖资源综合利用产业园	科研、采矿、选矿、化验测试分析、贵金属冶炼、机械设备加工、物流贸易、旅游	4
24		坦桑尼亚	江苏新阳嘎农工贸现代产业园	棉花产业链的建设及其价值链的提升	4
25		赞比亚	中国建材赞比亚工业园	余热发电、水泥窑协同处置等项目和硅酸钙板、水泥制品及其他高科技建材产品、建材产品国际贸易	1
26		摩洛哥	穆罕默德六世丹吉尔科技城	汽车、电子商务、电子通信、可再生能源、交通设备制造、家电、医药器材、应用材料生产、农产品加工	在建
27	中东欧及独联体地区	白俄罗斯	中白工业园	电子信息、机械制造、精细化工、新材料、生物医药、仓储物流、电子商务、大数据储存与处理，社会文化活动和研发	56
28		匈牙利	中匈宝思德经贸合作区	MDI、TDI 及 PVC 等塑料原料为核心业务的一体化大型化工制造	13
29		匈牙利	中欧商贸物流合作园区	机械电子、建材家居、轻工纺织、电子商务、海外仓储、物流分拨	172
30		乌兹别克斯坦	鹏盛工业园	建材、五金制品、皮革、制鞋、现代设施农业、温室大棚、草莓大棚和现代化植绵技术和农机农资推广	16
31		格鲁吉亚	华凌国际经济特区	商贸城	429

续表

序号	区域	国别	园区名称	主导产业	入驻企业数量（个）
32	中东欧及独联体地区	俄罗斯	中俄托木斯克木材工贸合作区	森林资源开发、采伐、加工、运输、销售	20
33		俄罗斯	莫斯科格林伍德国际贸易中心	智能办公、商务咨询、营销广告、物流通关、仓储配送、法律支持、财会税务、金融支持、商旅会展、企业孵化	300
34		塞尔维亚	中国工业园	工业园区、国际商贸城和高新科技园	在建

大部分“一带一路”相关研究引用的信息指标，主要来源于国家层面的“一带一路”沿线国家签署合作协议的数据、海关总署的“一带一路”沿线国家与中国的进出口贸易数据及亚投行投资数据，缺少在微观层面反映“一带一路”建设企业进展的数据。首先，我们的研究可以在一定程度上弥补这一方面的数据库的缺陷，直观展现投资“一带一路”沿线的中国上市公司的多元化投资、经营维度的数据。其次，上市公司作为最有竞争力的企业群体，必定会率先参与“一带一路”建设，收集、分析上市公司参与数据，不仅能填补这个领域的信息指标空白，也能集中体现证券市场在支持“一带一路”建设中发挥的作用。最后，开展相关调研能够促进上市公司积极参与“一带一路”建设并主动披露相关数据，同时，以这种数据汇集、整理和展现的形式，反过来促进和推动上市公司积极参与“一带一路”建设，主动整理和披露参与情况，提升全社会对“一带一路”建设发展情况的关注度。

关于企业层面的数据，我们整理了中华证券交易服务有限公司（以下简称“中华公司”）的相关研究报告。中华公司在上交所、深交所和港交所的协助下，通过向上市公司发放调研问卷和自愿反馈的形式，收集整理了上市公司2014~2017年在“一带一路”沿线国家开展业务经营的大类相关数据。我们借助中华公司的研究报告来阐释“一带一路”背景下，作为对外投资经营主力军的上市公司的多元化投资经营的大致现状以及发展趋势。

在中华公司2017年的调查中，参与调查的上市公司总数为1274家，398家（60%）已参与“一带一路”业务的公司计划未来三年增加其相关业务比例，223家（33%）计划维持现状，而没有“一带一路”业务的上市公司中，177家（29%）计划增加“一带一路”业务（见表1-3、图1-2）。

表1-3 2017年度受访上市公司未来三年“一带一路”业务计划

单位：家

受访上市公司分类	增加	维持	减少	其他/无意见
涉“一带一路”业务	398	223	6	40
无“一带一路”业务	177	398	—	31

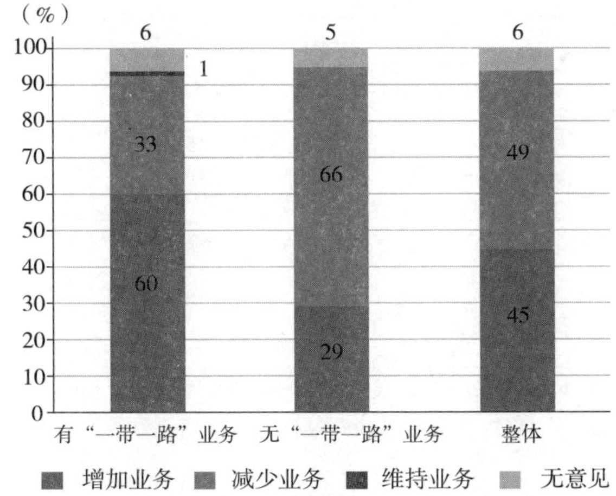

图1-2 2017年度受访上市公司未来三年“一带一路”业务计划

表1-4 2014-2017年受访上市公司涉“一带一路”业务数目

年份	恢复公司数目（家）	涉“一带一路”业务公司数目（家）	参与比例（%）
2014	1286	538	41.8
2015	1286	571	44.4

续表

年份	恢复公司数目（家）	涉"一带一路"业务公司数目（家）	参与比例（%）
2016	1286	594	46.2
2017	1274 家	667	52.4

调查显示 2014~2017 年，在调研企业中，涉及或者参与"一带一路"沿线国家业务的企业的数量呈现逐年提升的趋势，由 2014 年的 41.8% 提升至 2017 年的 52.4%（见表 1–4）。在涉及"一带一路"业务的公司中，主要以中国企业为主，而在中国企业中，非国有企业的数量在逐渐增加（见表 1–5）。

表 1–5　2014~2017 年涉"一带一路"业务受访上市公司属性

单位：家

年份	中国企业		境外企业
	国有企业	非国有企业	
2014	166	352	20
2015	177	373	21
2016	185	388	21
2017	238	412	17

资料来源：中华证券交易服务有限公司 . 沪深港互联互通上市公司"一带一路"参与情况报告［R］. 香港：中华证券交易服务有限公司，2018.

2017 年度涉"一带一路"业务的受访上市公司中，超过 80% 为市值 50 亿 ~ 600 亿元（人民币，下同）的中小型企业，同比增加了 32 家，市值600亿元以上的大型企业则增加 了 27 家（见图 1–3）。以行业分类，受访公司中有 184 家为工业公司，占总数的 28%，有 117 家为原材料公司，占总数的 18%。此外，可选消费、信息技术公司分别有 100 家、96 家，分别占总数的 15%、14%（见图 1–4）。

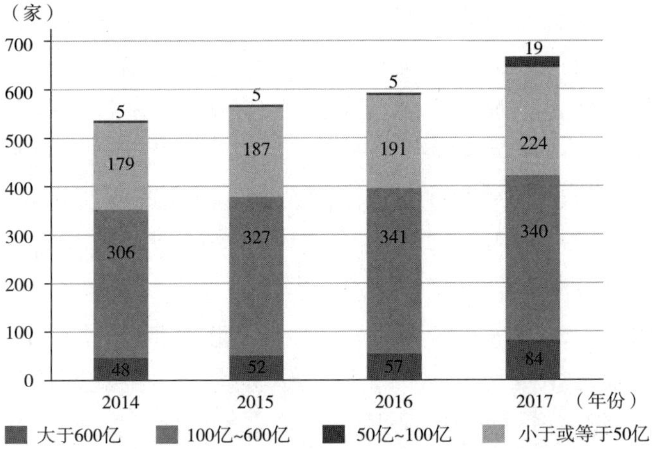

图 1-3 2014~2017 年涉"一带一路"业务受访公司的市值分布

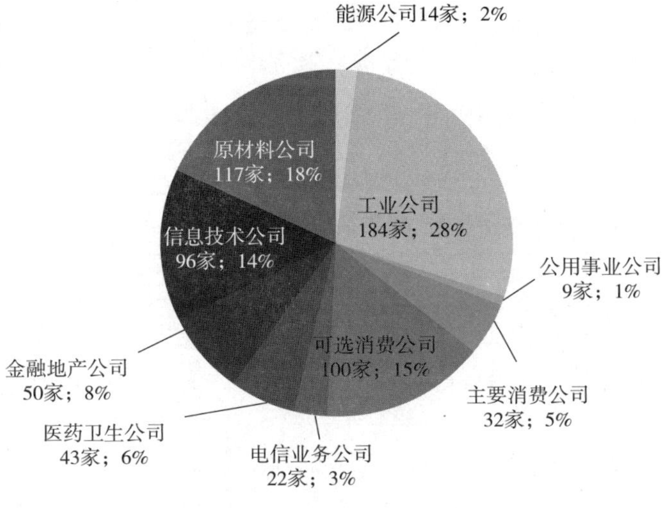

图 1-4 2017 年度涉"一带一路"业务受访公司的行业分类

在现实生活中，人们普遍将"一带一路"活动和基建工程挂钩，这样显得有些狭义。中华证券交易服务有限公司以《推动共建丝绸之路经济带和 21 世纪海上丝绸之路的愿景与行动》提出的"五通发展"为基础，尝试选取其中可量化的"三通"引申出六项参与度指标，从多元角度观察和量度上市公司"一带一路"的参与情况，并纳入具有代表性的企业为指数成分股。随着中国经济转型和"一带一路"持续发展，新经济和创新企业有望逐步反映在指数成分股上。

该六大指标包括反映企业贸易进出口和在"一带一路"沿线国家当地交易情况的销售金额、采购金额；反映"一带一路"基础设施建设情况的工程合同金额；通过资金流向，预示潜在回报所在的投资金额；反映"一带一路"商业活动增加，衍生而来的金融服务需求，如融资贷款金额和保险承保金额。

根据调查，2014 ~2017 年，受访沪深港上市公司在"一带一路"沿线国家的业务金额稳步增加，六项指标均取得正数增长。扣除新增国家因素，大部分指标仍然取得正数增长。同时，受访上市公司投资、经营的领域逐渐呈现多元化的态势。

表 1–6 显示了 2017 年度受访上市公司"一带一路"业务金额前五大国家及占比。2017 年度受访上市公司主要在新加坡从事"一带一路"业务，其销售、采购、投资、融资贷款及保险承保五项指标排名均在 73 个国家居第一位。上市公司在新加坡的业务金额，与位居其后的国家有明显差距。

表 1–6　2017 年度受访上市公司"一带一路"业务金额前五大国家及占比

排名	销售金额	采购金额	工程合同金额	投资金额	融资 / 贷款金额
1	新加坡 33%	新加坡 32%	马来西亚 19%	新加坡 17%	新加坡 22%
2	韩国 8%	俄罗斯 9%	印度尼西亚 17%	印度尼西亚 11%	阿拉伯联合酋长国 15%
3	印度尼西亚 7%	沙特阿拉伯 9%	巴基斯坦 8%	伊拉克 9%	沙特阿拉伯 11%
4	印度 5%	伊朗 6%	伊朗 7%	越南 7%	菲律宾 8%
5	泰国 5%	韩国 5%	孟加拉国 6%	巴基斯坦 6%	马来西亚 7%

近几年，中国在"一带一路"沿线国家的基础设施方面的投资进一步加速，并且在参与形式上逐渐发生改变。在基础设施领域，中国企业"走出去"经历了几个阶段，即从早期的劳务输出到工程分包、工程总承包（EPC），再到带资建设（EPC+F），而且越来越多的企业

以直接投资方式参与项目建设。随着在海外投资市场中整体的经验和能力不断提高、抗风险能力逐步增强，中国企业参与“一带一路”的模式也在不断变化和演进（见图 1–5）。

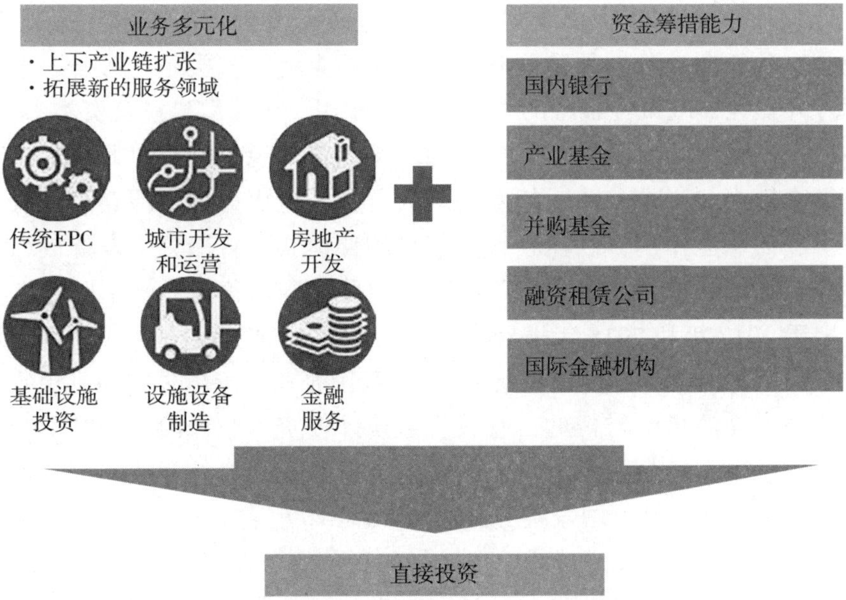

图 1–5 中国企业参与“一带一路”的模式

从行业来看，“一带一路”倡议初期参与销售、采购业务和新投资项目的上市公司以能源企业为主。受过去几年油价波动影响，能源企业在“一带一路”沿线相关业务比例有所下降。基建类公司“一带一路”沿线业务比例快速上升。总体来说，能源、原材料及基建类等传统行业占多数，但在一些新兴行业，如消费、信息技术及医药卫生类公司的参与比例呈上升趋势。

从企业类型来看，国有企业是“一带一路”业务初期的主力，各项非金融业务金额均占总金额的六成以上，采购及工程合同金额占比达九成。随着“一带一路”倡议的深入推进，民营企业承建项目逐渐增多，2014~2016 年，参与公司数量和新签工程合同金额增幅翻倍，新增投资金额呈倍数增长。

从资金来源看，上市公司参与“一带一路”项目的融资贷款主要来自境外商业银行，但来自中国国有商业银行金额有后来居上之势。数据显示，中国金融机构积极提升境外金融业务份额，国有企业和非国有企业均有参与。

“一带一路”在提出之初，习近平总书记就强调，“一带一路”建设是一项长期工程，鼓励国有企业、民营企业等各类企业参与，要发挥好开发性、政策性金融的独特优势和作用，积极引导民营资本参与。在这一过程中，我国出台了诸多的政策性贷款税收优惠以及其他相关政策来助力“一带一路”的发展。为了更好地服务国家战略，充分发挥税收的职能作用，以税收政策信息的便捷获取打造公平友好的营商环境，降低纳税人“走出去”的税收风险，国家税务总局国际税务司分别于2017年和2018年出台了《“走出去”税收指引》和《中国居民赴某国家（地区）投资税收指南》，为我国企业“走出去”提供税收法律法规方面的指引与帮助，有效规避境外投资税收风险，提高“走出去”的纳税人参与国际竞争的能力，为促进我国对外开放和国际经济合作做出积极贡献。国家税务总局2015年印发了《国家税务总局关于落实“一带一路”发展战略　要求做好税收服务与管理的通知》，2018年印发了《国家税务总局关于进一步做好税收服务“一带一路”建设工作的通知》，同时积极谈签税收协定，保障“走出去”纳税人的利益。截至2018年底，我国税收协定网络已经延伸到全球111个国家与地区，有效助力避免和消除国际间重复征税。同时，国家税务总局举办合作会议，推动“一带一路”税收合作，开展信息研究，发布税收国别指南，研究“一带一路”国家以及我国“走出去”纳税人主要投资目的税制发布84个国别（地区）投资税收指南，实施援外培训班，外派税务人员，深化互信互利合作。2019年4月18~20日，85个国家和地区税务主管当局负责人或其授权代表，以及16个国际组织、多家学术机构和跨国企业代表出席“一带一路”税收征管合作论坛，34个国家和地区税务部门共同签署备忘录，宣布正式建立“一带一路”税收征管合作机制。这些机制以及相关的税收活动都有助于参与各方共同加强税收法治建设，共同提高税收确定性，增进投资者的信心；共同提升税收争端解决效率，共同推动税收征管能力建设，促进经济包容性增长；通过税收征管数字化促进纳税遵从，共同提升纳税服务水平，建立优质的税收营商环境。

在政策性贷款方面，开发性和政策性金融支持力度持续加大，多双边投融资机制和平台发展迅速。2017 年，我国持续加大对“一带一路”建设的投融资力度，国家开发银行、进出口银行将分别提供 2500 亿元和 1300 亿元等值人民币专项贷款，用于支持“一带一路”基础设施建设和产能合作，丝路基金明确后续增资 1000 亿元人民币。中国—中东欧“16+1 合作”框架下的多边金融合作取得积极进展，由各国政府控股的政策性银行、开发性金融机构和商业银行等 14 家成员行构成的中国—中东欧银行联合体正式成立，国家开发银行将在未来五年内向银联体成员行提供总额度为 20 亿元等值欧元的开发性金融合作贷款。中国人民银行稳步推进与国际货币基金组织（International Monetary Fund，IMF）的合作，建立中国—基金组织联合能力建设中心。上市公司的融资风险不断降低，金融优惠力度不断加大，使我国企业“走出去”的信心得到加强。

二、研究意义

多元化经营又称多样化经营，由著名的产品市场战略大师安索夫于 20 世纪 50 年代提出。多元化经营是公司为了分散投资风险、提高资本使用效率和实现公司扩张，开发有发展潜力的产品，或通过吸收、合并其他行业的公司，以充实系列产品结构、丰富产品组合结构的一种经营模式。

20 世纪 60 年代以来，多元化经营战略在国外得到普遍采用，成为公司集团发展壮大的一种典型方式，但到 20 世纪 80 年代，一些发达国家开始出现供给过剩，进入 20 世纪 90 年代，生产能力过剩已经从国家能力过剩演变成全球性的过剩，公司的发展环境日益恶化，竞争加剧，利润率下降。在这种情况下，各国公司的发展战略纷纷由多元化扩张回归专业化经营。一方面，各国公司开展以剥离非核心业务为主要内容的公司重组，重新回归专业化；另一方面，各国公司集中精力强化核心业务，通过这些重组提高公司的投资回报，增加公司价值。

国内上市公司实现多元化经营的主要途径主要有三种方式：一是将资金等生产要素投向其他行业，公司先通过发行新股或者配股融资募集大量的资金，然后将募集到的资金投向其他行业的一些新项目，以实现公司的多元化发展。随着其他业务规模的不断上升，公司原先的主营业务规模相对缩减，从而成为一家从事多元化经营的公司。二是重组其他行业的一些公司。部分公司在发展过程中，采用兼并、收购或者参股其他行业公司等方式，成为一家从事多元化经营的公司。在公司财务的实践中，这类重组活动中的一部分属于实质性的资产重组，但还有相当一部分往往是试图通过这种方式操纵利润，造成高昂的代理成本。三是被多元化公司或者其他行业的公司所重组。随着资本市场规模的日益扩大，越来越多的上市公司被非上市公司重组，其中有一些是多元化或者是其他行业的非上市公司，多元化公司通过买壳、借壳上市，将上市公司变为多元化公司。其他行业的公司间接上市以后，有些在保留原上市公司全部或部分业务的同时，注入一些新的资产，从而使上市公司成为一家跨行业经营的多元化公司。

从国际视野来看，跨行业兼并曾被认为是实现多元化经营的重要方法。20 世纪 60 年代是美国历史上第四次兼并活动高峰期，并在 1967~1968 年达到顶峰。不同于前三次的兼并活动，第四次兼并活动的一个明显特点是：有 83% 的兼并属于跨行业兼并，其中有 23% 的兼并属于原先毫无干系的跨行业兼并。然而，在 1970~1979 年和 1980~1995 年，出现了连续两轮大规模的“剥离”浪潮。1975 年，“剥离”创纪录地占到了所有购并活动的 54%；1971~1995 年，中该比例均维持在 30% 以上，平均高达 41%。

共建“一带一路”，目的就是要打通陆上、海上贸易通道，布局跨境产业链、价值链，打造互动、互通、互补经济格局。其建设过程不仅有利于各国弥补其自身的经济发展“短板”，促进投资和消费，创造需求和就业，增强经济内生动力和抗风险能力，推动经济实现转型升级；也有利于推动各国发展战略对接与耦合，通过整合资源、互通有无、优势互补，充分释放区域市场活力，提高经济一体化水平，实现共同发展。对于中国来说，“一带一路”构想的实施，将推动形成以外带内、以内促外、内外联动、内外一体发展的新局面。中国上市公司要在现有的政策支持背景下，积极响应“一带一路”的号召，依托“绿色、创新、协调、开放、共享”的发展理念，将公司价值与效益不断做大做强。随着“一带一路”政策的深入推进，越来越多的上市公司加入“一带一路”建设合作中来，无论是“走出去”还是“引进来”，公司投资经营必然走向多元化、国际化的大舞台。“一带一路”建设队伍的不断扩大，不仅将催生更多机遇，同时也对这些跨国企业提出更高的要求。参与“一带一路”建设时，公司管理层需要重点关注公司绩效是否改善，公司价值是否提高，多元化投资经营是否起到了积极作用。因此研究“一带一路”政策以及多元化战略对公司价值的影响具有重要的现实意义。

从研究方法与研究内容上看，多元化与公司价值关系的研究大致可以分成两类：第一类研究首先运用实际数据检查多元化对公司价值的影响，这种影响既可能是正面的，导致公司价值增加，也可能是负面的，导致公司价值减少。进一步地，对导致多元化正面或负面影响的因素进行猜测并提出解读，以说明多元化对价值的正面和负面影响与公司内外部经营环境有密切关系。第二类研究则首先提出相关模型和理论，说明多元化的动机、多元化对公司价值的作用机制，并通过理论得出多元化带来公司价值增加或者减少的结论。进一步地，通过实际数据对理论进行验证。

早期对多元化的研究大都集中在分析多元化程度对某时段内公司经营业绩或股票表现的影响，以此来判断多元化是否能够提升公司价值。例如，Comment 和 Jarrell（1995）用多元化程度的变化来解释公司股票的收益率，发现两者呈负相关关系。但这类研究方法存在以下几个问题：首先，研究结论对业绩衡量标准非常敏感，并且严重依赖于样本时间段的选择，同样的样本在不同时段内的实证结果可能不同。其次，进行业绩对比时的基准有问题，以股票的业绩表现为例，需要对其进行风险调整之后才能进行比较，多数研究采用 CAPM 模型进行风险调整，而研究表明CAPM模型对预期收益的解释是不完全的（Fama and French，1992）。最后，对实证结果的解读存在问题，对多元化后的业绩衡量并不能等同于多元化决策时的价值判断。例如，决策时认为多元化投资能够增加企业价值，但事后外部市场运营条件的变化可能使多元化达不到预期效果（Lang and Stulz，1994）。近年来，越来越多的研究表明多元化对公司价值的影响是多方面的，有正向的作用，也有负向的作用，究竟是哪方面作用占主导与公司内部和外部的运营环境都有着密切关系。基于此，本书构建行业为测度方式的综合多元化指标，进而进行理论分析与实证检验，为多元化战略与公司价值的学术研究提供数据支持，丰富了相关领域的研究成果。

第二节 研究现状

一、多元化投资经营战略与企业价值

多元化又称多角化、多样化。多元化这一理论问题最早可以追溯到罗纳德·哈星·科斯关于企业边界的讨论。按照罗纳德·哈星·科斯的观点，企业将扩张到“在企业内部组织一笔额外交易的成本等于通过公开市场上完成同一笔交易的成本或在另一企业中组织同样交易的成本”为止（Coase，1937）。

最早研究多角化主题的是美国学者安索夫，他首次提出的多角化主要是针对企业经营的产品种类数，但是这种以产品种类多少来定义企业多角化的方式忽视了产品种类之间的相关程度，其对多元化的定义与现代的多元化内涵并不一致。彭罗斯在1959年出版的《企业成长理论》一书中将多角化定义为企业在基本保留原有产品生产线的情况下，扩展生产活动，开展若干新产品（包括中间产品）的生产行为。美国著名经济史学家钱德勒指出多角化是企业最终产品线的增加，并认为企业组织结构的相应调整是实施多角化成功的关键。钱德勒对多

角化的定义区分了企业多角化战略和差异化战略，同时首次研究了多角化经营与企业组织间的关系问题。

对于企业而言，多元化有两个层面的含义：第一层含义是多元化战略，指企业基于优势行业的竞争力，以成熟市场上的投资经营活动为依托，充分发挥企业的资本优势、资源优势、品牌优势、信息优势、市场优势和技术优势，通过纵向或横向一体化拓展经营范围，使企业资源得到最大限度、最有效的利用，使企业在获得高额利润的同时形成优势互补、技术关联、风险分散的经营策略。第二层含义是操作层面上的，即多元化投资和多元化经营。从形式上看，多元化投资与多元化经营是两个不同的概念，多元化投资侧重于企业的投资行为的特征，多元化经营则侧重于企业的经营行为的特征。就多元化的实质内容来看，多元化投资与多元化经营都是企业多元化战略在操作中的具体化，经营活动是投资活动的一个反映。因此，在本书中将多元化投资和多元化经营视为同等概念；将多元化、多角化或者多样化也视为同等概念，书中不作区分。

对于多元化与企业价值之间的关系，国内外研究结果主要集中在三方面，分别是多元化折价、多元化溢价及多元化中性。

1. 多元化折价的主要观点

国内学者张翼等（2005）、沈红波（2007）通过实证分析发现多元化程度与企业绩效呈负相关。洪道麟和熊德华（2006）利用1999~2003年的数据研究了中国上市公司多元化的内生性问题，并在此基础上检验了多元化与企业绩效的关系。文章发现，企业特征（规模、年龄、成长性、控股股东类型）与行业特征会对上市公司的多元化行为产生重要影响。在控制了内生性问题后，多元化会损害企业绩效。邓新明（2011）研究了在转轨经济背景下替代性非正式制度的民营企业政治关联对多元化和对多元化企业绩效的促进作用。研究结果表明，多元化减损了企业绩效，但细分相关多元化和非相关多元化后，发现相关多元化促进了企业绩效，非相关多元化折损了企业绩效；无政治关联企业，相关多元化的公司绩效最高；有政治关联企业，非相关多元化的公司绩效最高；政治关联企业的多元化对企业短期业绩具有提升作用，而政治关联企业的非相关多元化折价严重。基于以上结论，邓新明提出，企业进行非相关多元化不能一味迎合政府从而获取政治荣誉，要坚持独立、理性的经济决策原则，有效整合政治能力和市场地位，提高战略管理水平。游家兴和邹雨菲（2014）基于非正式制度对民营企业产生影响的考虑，研究了企业家社会资本对于多元化折价的影响，结果表明企业家社会资本提高了企业多元化的可能性，降低了多元化折价，这些作用尤其在法制建设不完善的地区更为明显。研究验证了非正式制度与法律制度等正式制度在促进企业发展方面存在替代效应。张红等（2015）采用因子分析法和多元回归证实了多元化对企业绩效的折价效应，并证实了相关业务多元化较非相关业务多元化对企业绩效的折价效应较小。丁栋虹与金燕（2015）基于美国、日本 IT 企业的研究表明，销售增长率、净利率和总资产收益率（ROA）与总体多元化程度呈显著负相关。

企业的内部控制也会在一定程度上影响多元化对于企业的价值。张纯和高吟（2010）认为，企业内部较严重的代理问题以及较薄弱的公司治理导致多元化会损害经营业绩。也有学者研究多元化经营对上市公司财务绩效在企业的成长期或者成熟期等不同的企业生命周期的影响。王敏等（2018）研究发现，多元化经营与企业财务绩效之间呈显著负相关，即多元化经营会损害企业价值；企业的生命周期影响多元化经营与企业财务绩效之间的关系，与处于成长期的企业相比，处于成熟期的企业进行相关多元化经营更能提高财务绩效，从而提高企业价值。

国外学者 Stulz（1990）、Berger 和 Ofek（1995）认为，多元化经营会导致公司过度投资，即基于理性人假设，高管层会有利己行为，通过多元化实现公司规模扩张，从而有更多支配企业现金流的权利，进而损害企业绩效。Shin 和 Stulz（1998）、Bolten 和 Scharfstein（1998）认为，多元化致使跨部门补贴，即由于同一个企业的不同部门现金流相互依赖，虽然有利于降低企业经营风险，但企业往往会补贴现金流较差的部门，从而损害了企业整体价值。Myerson（1982）认为，多元化虽然降低了外部市场的信息不对称，但却增加了企业内部高管层与部门经理的信息不对称，从而提升了相应的代理成本，降低了企业资源配置效率，进而损害企业绩效。Scharfstein 和 Stein（2000）认为，多元化会导致企业层级结构的增加，企业规模扩张，管理难度陡升，内部协调成本增加，以及产生了所谓的 X– 非效率，进而损害企业绩效。

2. 多元化溢价

国内学者余鹏翼等（2005）在代理成本假设的基础上，通过实证研究发现多元化程度与公司绩效呈正相关。苏冬蔚（2005）的研究表明，多元化对企业绩效有显著的溢价效应。姜付秀等（2006）也发现，上市公司的多元化对企业价值具有正效应，多元化经营可以提高企业的价值。Lin 和 Su（2008）证明了公司是否进行多元化的决策依赖于过去的业绩、股权结构及成长机会等因素；特别地，在高增长行业经营、业绩较好、非国有控股的公司更倾向于采用多元化策略。在使用工具变量法、Heckman 模型、匹配法等计量方法控制自选择问题后，实证研究发现多元化公司的 Tobin’s Q 值高于单一化公司，表明多元化对公司的价值的正向作用超过负向作用，有利于公司价值的提升。Lin 和 Su（2008）发现，国有控股的多元化公司的价值比非国有控股的多元化公司的价值低，作者将之归因于国有控股公司的政治成本较高。该研究表明，多元化对公司价值的影响与控股股东的性质有关，提示我们在进行中国的多元化研究时要考虑公司控股股东的影响。姚铮和金列（2009）验证了多元化动机、产业选择与财务绩效的关系，通过采用三角测量法并基于访谈资料和文档资料进行研究，发现成长性是企业实现多元化最主要的财务目标，产业选择对于财务绩效的成长具有较大影响，其中产业的吸引力和驾驭力对财务绩效的营利性方面影响较大。

国外学者 Alchiain 和 Demsetz（1972）认为，多元化可以有效优化资源配置效率，降低市场信息不对称，从而提升企业绩效。Oliver（1975）研究认为多元化能较好地克服外部资本市场的缺陷，通过建立有效内部资本市场降低交易成本，从而提升企业绩效。Lewellen（1971）认为，多元化能有效分散企业经营风险，有较好的避税效应，即负债所产生的利息在所得税前扣除，债务的避税功能增强，从而有利于提升公司价值。Teece（1980）分析认为，合理组织和实施多元化战略，有利于增强企业的风险抵御能力，实现规模经济、范围经济、财务共享等，从而提升企业绩效。Scholar（2002）认为，企业多元化会提高生产效率，但是多元化与生产率之间存在“U”型关系，即多元化企业的生产效率与多元化程度存在一个峰值，峰值之后多元化程度增加反而会使生产效率下降。

3. 多元化中性

国外学者 Gort（1962）提出，多元化投资对于企业价值产生的作用不能一概而论，一定要将企业所处的行业纳入考虑的范畴。他发现，容易实施多元化的企业集中在电子化工行业、石油烟草类行业，这些企业专业化经营程度较高，多元化程度和公司的收益实力没有明显关联性。Mansi 和 Reeb（2002）认为，公司在实行多元化运营，减少股东权利价值时，却使债权人的价值增加了，对于两者产生的作用进行全方位考虑之后，发现多元化运营对公司的价值并没有显著的作用。

国内学者朱江（1999）认为，施行多元化战略的企业仅是在一定程度上控制企业存在的风险系数，但是无法对企业业绩造成重大影响。因此，公司是否实行多元化经营战略和它本身的价值没有十分显著的联系。金晓斌等（2002）以深沪两市部分上市企业为研究样本，根据动态匹配—搜寻模型探巧了企业特征、市场激励和企业多元化水平三者之间的关系。实证检验结果显示，多元化策略本身是中性的，对企业的超额价值并没有正面或负面的影响。艾健明和柯大钢（2005）的研究认为，之所以会产生“多元化溢价”或“多元化折价”的现象，企业自身特征是关键因素，基本上与公司的多元化水平无关。即多元化经营本身是中性的。张文亮等（2007）将深沪两市 125 家上市公司的财务数据作为研究样本，采用熵指数来衡量多元化水平。实证结果显示，企业绩效水平并没有受到多元化方式的显著影响，即多元化经营本身既不会提高投资收益，也不会增加投资风险；或者多元化经营带来的投资收益和投资风险正好互相抵消，从而没有显现出增加收益的功能。张纯和高吟（2010）认为，多元化经营是中性的，当企业具有严重的代理问题或企业治理水平较低时，多元化被管理者用来谋取私利，进而折损企业业绩，政府行政干预下的企业多元化也会产生负面效应。

综上所述，学界对多元化投资经营与企业价值的研究主要集中在多元化定义和多元化与企业价值的相关关系。我们也可以看出，学术界在多元化战略对企业价值的关系上并没有达成共识，学者们各自采用不同的衡量指标，从不同的角度，利用不同的数据得出了各自不同的结论。

从现有文献看，多元化对企业价值影响的结论过于简单，没有深入调查公司的细化特征对多元化行为产生的效果的关联性。目前，绝大多数研究是基于多元化战略之后企业价值的变化，缺乏对多元化战略制定前企业自身价值的考量。从目前的实证研究和调查研究来看，多元化战略与企业价值的研究通常基于静态视角进行分析，即使用某一时点的多元化程度与企业“存量”价值研究在市场上长期存在的企业行为，也存在一些不足之处。

二、多元化投资经营影响企业价值的相关理论

从多元化对于企业价值折价、溢价和中性相关的影响路径以及相关的理论解释中，我们可以从多元化投资经营的动机出发，来研究多元化对于企业价值的影响。进行理论解释的角度有很多，大致可分为公司经营角度、市场角度及其他角度。多数学者从公司经营角度对多元化进行了解读，也有学者从市场角度出发，分析多元化公司股票的收益率特征，结合投资者的交易行为说明其对公司价值的影响。从市场角度解读多元化与企业价值的关系有其合理性，一方面，公司价值多用 Tobin’s Q 或相对价值 EV 衡量，而公司价值的计算依赖于证券市场价格；另一方面，多元化对公司盈利和风险状况产生影响，必然反映到公司证券价格的波动上。此外，一些学者另辟蹊径，借鉴公司财务

的其他理论来分析多元化公司的价值。

1. 公司经营角度

从多元化的动机来看，可以具体分为经济理性动因和主观人为动因。在经济理性动因下，可以具体分化出剩余资源理论、内部资本市场理论、市场势力理论、防御假说、债务互保假说等理论。从主观人为动因来说，有代理成本理论和管理层过度自信理论等相关研究，可以解释多元化溢价以及折价。由于在多元化过程中，折价以及溢价因素的综合存在，导致多元化中性结论得以解释。

剩余资源理论认为，企业实施多元化经营是为了给企业剩余资源寻找更好的投资机会，从而使企业的绩效最大化。该理论最早是由国外学者 Penrose 于 1959 年提出的，后续又有不少人对其进行了补充和完善。该理论的主要观点为企业应当在日常经营中充分利用剩余资源，进行进一步扩展和发展，通过并购活动来获得其他企业的一些竞争优势，分散企业的经营风险。这种通过利用生产和经营过程的剩余资源来赚取额外利益的行为，不仅能使企业在现有领域更好地生存下来，而且能够扩大业务范围，使企业在市场中占有一席之地。Teece（1982）通过交易成本的角度来解释企业多元化经营的现象。

内部资本市场（Internal Capital Market）理论是解释多元化正面效应的最重要的理论。这一理论从资源配置的角度出发，认为多元化公司通过内部资本调配，可以在整个公司（或企业集团）内部更有效率地分配和使用资源，这也是公司进行多元化决策的动因。内部资本市场理论认为，公司通过多元化建立了能够在部门间进行资金二次配置的内部市场，对公司价值有提升作用。企业通过建立内部资本市场，一方面降低了融资成本，另一方面可以激励各业务部门不断进步，从而使整个企业受益。Myers（1984）指出，当外部潜在投资者对企业经营状况不了解的时候，他们与公司之间信息不对称的可能性就越大，投资者就越有可能对企业经营状况中好的现象保持怀疑的态度，这样一来投资者就不会将资金投入到企业中，或者投资者可能要求企业为获得资金付出更高的代价，最终导致企业的负担较高的融资成本或者彻底放弃获得优质投资的机会。此时，如果通过多元化扩张战略建立企业内部资本市场，就可通过内部资金调度能力在一定程度上解决这一问题。

内部资本市场的作用建立在两个重要前提下：一是公司面临融资约束，不是所有项目都能获得足够的资金。由于公司内部人私有利益的存在，且私有利益的大小与内部人掌握资源的数量成正比，内部人倾向于夸大投资前景，尽可能多地从外部获得融资。但外部人出于信息不对称的考虑，在进行投资时会有所保留，控制投入规模以控制风险，因此公司面临融资约束的局面。二是公司总部有动机、有能力在企业内部重新配置资源。总部私有利益的大小与公司总体的现金流状况成正比，这样，当面临融资约束时，出于自身利益考虑，公司将所有项目进行优劣排序，将资源配置到更优的环节，为公司创造价值，从而与股东利益一致。公司总部的私有利益与公司整体利润相关性越高，总部进行项目优选的动机越强。即使多元化公司没有从外部获得更多的资金,也可以通过资金的重新分配提升整个公司的价值。Stein(1997)认为，内部资本市场的资金分配其实就是对各项目进行相对排序，各项目间的相关性越强，同向性错误出现的概率越大，相对排序出现错误的概率越小。因此，相关多元化是优于非相关多元化的。

实证研究发现了很多支持内部资本市场理论的证据。Dimitrov 和 Tice（2006）研究了经济衰退期的公司数据，分析资金需求度不同的单一化公司和多元化公司在经营行为上的差异。他们发现，在有融资约束的情况下，单一化公司比多元化公司的销售增长率下降得更快，存货增长率下降得更快；而在无融资约束的情况下，单一化公司和多元化公司在经营行为上无明显差异。研究证明了，多元化公司受益于经营分散化降低了风险，可以获得更多外部融资。

Yan（2006）考察了外部市场条件的变化对多元化公司价值的影响。研究发现，在外部市场条件不断完善、外部融资成本相对下降时，多元化公司的相对价值会不断减少；而在外部融资较为紧张时，多元化公司的相对价值会有所提升。与此相比，无融资约束的企业则无此现象。研究提供了支持内部资本市场理论的证据，即当外部融资成本较高时，内部资本市场是外部市场的有效替代，因而多元化可以为企业创造价值。

Doukas 和 Kan（2008）分析了多元化企业并购前后内部资本市场的运作，研究通过并购发生的多元化程度改变以及这种改变是否与企业价值及投资决策的改变有关。他们认为，当核心部门的现金流状况（或成长性）比非核心部门差时，公司倾向于进行多元化投资（非相关并购）；当核心部门现金状况（或成长性）非常好时，公司倾向于对核心部门进行再投资（相关并购），并购前的证据表明公司的资金配置符合效率原则。进一步地，实行了多元化并购的公司持续把资金从效益差的核心行业调配到效益好的非核心行业，而针对未进行多元化并购的公司的相关研究则发现了资金的无效配置，表明内部资本市场并不是完全有效。

市场势力理论认为，市场上有能力的参与者可以通过控制产品价格、数量等来获得超额垄断收益，实行多元化经营的公司正是因为建立起这种垄断势为，才能在市场上获得超额利益，同时这种利益的取得建立在非多元化公司的利益损失的基础之上。

防御假说是从企业发展周期的角度着手，认为由于存在企业经营周期，任何企业要想持续经营下去，当在原有行业进入成熟期或者衰退期时，就要想方设法避免企业陷入停滞状态，此时就不得不进入新的行业，通过多元化扩张摆脱现有状况。因此，在未来经营环境不确定的情况下，企业应当将至少两种业务作为主要经营的业务，从而防范经营风险。

债务互保假说认为，企业通过多元化战略，将不相关业务整合到一个经营组织中，可以降低债务成本、节省税金。该假说认为，当多元化经营内部中某一个项目或者多个项目的收益出现负值时，那么这些项目的损失正好可以为另一些项目的收益提供抵税作用，从而降低了整个经营体系的税务负担。另外，多元化的经营稳定了现金流，企业的融资需求也较容易满足，提高负债能力最直接的受益点就是增加利息抵税作用。因此，多元化经营的企业比专业化经营的企业具有更高的财务杠杆，负担更低的税金，这种效应被称为多元化的互保效应。

主观人为原因则从多元化折价方面解释了多元化对于企业价值的原因，主要有代理成本理论和管理层过度自信理论等相关研究。

代理成本理论认为，公司股东与经理层以及各层级经理之间的委托代理关系造成了经理层为了个人利益而进行过度投资或部门间补贴，因而导致公司价值的折损。最早运用代理成本理论来考察多元化经营动因的是国外学者。Stulz（1990）认为，企业所有权和经营权的分离导致了管理者在决策时偏离了整个企业的经营目标，只是追求其自身利益。当股东过于分散，控制权不集中时，管理者很有可能利用公司资产追逐私利而不是股东利益。这样就容易产生过度投资的问题，此时企业追求的只是增长最大化而不是价值最大化。

Roll（1986）最先提出管理层过度自信理论，Heaton（2002）在此基础上对该理论进行了补充。管理层过度自信理论认为，人们往往容易高估自己，尤其是当其本身处在一个相对高的位置上时，过度自信表现为好于将成功归于自己的决策和行动，而将失败归于运气或机遇。该理论认为过度乐观和自信的管理层往往会主观地高估其认为好的投资项目，当企业的内部资源充足或者其他约束条件较小，或者在重大投资决策遇到的外界阻碍较小的时候，他们会更倾向于主观决定而不是客观分析。高层管理者比普通人更倾向于过高评价自身的能力。

2. 市场角度

近年来，一些学者着眼于分析多元化公司证券的市场表现，从投资人风险和回报的关系角度出发解释多元化折价，拓宽了对多元化与公司价值关系的研究视角。

最早提出从风险报酬角度解释多元化的是 Lamont 和 Polk（2001）。资产的价值是未来现金流的贴现，因此资产的价值由未来现金流和要求的回报率共同决定，企业价值也是如此。但绝大多数多元化研究都集中在分析多元化公司与单一化公司的现金流差异上，其隐含的前提是多元化公司与单一化公司要求的回报率相同，这个前提显然存在问题。Lamont 和 Polk 证明了多元化公司与单一化公司的回报率存在系统性差异，而这种差异与公司相对价值的差异存在相关性。多元化折价不仅受未来现金流的影响，同时也受预期回报率的影响。

Lamont 和 Polk（2001）的预期回报率的思想为多元化研究的进一步深入奠定了基础。Chen 等（2010）以日本经连会的会员企业为研究对象，对比分析了会员企业与非会员企业股票投资的风险构成及对股东财富的影响。他们指出，由于风险共担、收益共享，会员企业的盈利状况更加稳定，非系统风险降低。但各会员企业基本面的关联度上升，使企业的系统风险增加。因而，尽管多元化对会员企业的总体风险无显著影响，但改变了风险构成，将部分非系统风险转化为系统风险。由于非会员企业的风险需要得到补偿，因而多元化会降低公司股票价格，损害股东利益。Chen 等的研究结论对研究具有风险和收益共担特征的多元化企业和集团有一定的借鉴作用，并指出这种风险和收益共担虽然有损股东利益，但对经理层有利，所以存在经理层利用多元化增加自身效用损害股东利益的可能性。因而，通过企业多元化分散风险不如投资者自己在市场上进行分散化投资。

总而言之，从现有研究来看，出于追求规模范围经济效应，或者出于追求稳定的收益，降低经营风险，或者出于追求企业内部资源的有效利用，大量企业在最近几年纷纷采取多元化投资战略。企业的各种有形或无形资源在多元化战略的指引下，充分发挥效益。与此同时，与多元化相对应的另一种企业行为——专业化，在企业投资决策中也日益发挥作用。多元化和专业化之争逐渐引起了学界和业界的重视，但究竟哪种行为更能提升企业绩效目前并没有取得一致结论。在市场需求、产业结构快速变化的环境中，多元化投资能有效分散投资风险，提高投资绩效。不同行业的外部环境、行业结构、竞争形态和业务特点等均有显著差异。从资产组合角度来看，投资行业过于集中会放大系统风险，从而对投资绩效产生负效应。从实物期权的角度研究发现，行业多元化投资构建了多样化的投资组合，以提高投资绩效。从知识管理角度来看，通过行业多元化投资，可以实现不同行业知识的共享和学习，从而降低投资风险，提高回报率。此外，涉足不同行业可以获得与现有认知和经验更为互补的外部资源，提升应对行业波动的能力。

但是，公司多元化战略的实施必须以企业已有的资源为重要前提。

由于多元化经营要求企业同时涉足多个行业或多种产品，经营环境的复杂性也随之大幅提高。特别是进入陌生行业后，不仅原有的核心资源会被稀释，而且新的资源需要也在不断增加，企业一旦脱离所能承受的范围盲目扩张，结果可能令人担忧。管理学中企业能力匹配理论也为多元化经营的成败提供了另一个很好的解释。企业能力理论认为，多元化经营的成败很大程度上取决于这种发展战略能否与公司资源或能力相协同。当公司多元化经营不能与企业能力相匹配时，超常规的扩张战略将最终损害到公司的价值。

三、多元化指标的测量

接下来，我们将介绍多元化表征指标的衡量以及企业价值的衡量的多种手段，并比较它们的优劣。

与多元化内涵相呼应，国内外学者选取了多元化相应的代理指标对多元化进行了度量。其中，安索夫（Ansoff，1955）采用产品种类数度量多元化；Gort（1962）采用 SIC 编码对多元化度量；Wrigley（1970）采用专业化比例对多元化进行度量。国内学者毛蕴诗（2004）通过业务多元化、地域多元化等视角度量多元化程度。国内外学者对多元化的度量方法如下：

1. 经营项目计数法

经营项目计数法指依据企业分布的行业数来衡量企业实行的多元化及其程度。但该方法的一个较大缺陷在于，不能有效度量当一个企业采取多元化时它所处的各个行业的相对重要性。

2. 赫芬达尔—赫希曼指数法和熵指数法

Berry（1971）提出运用赫芬达尔—赫希曼指数（Herfindahl-Hirschman Index，HHI）来度量企业所处的各个行业的相对重要性。通常取各业务的销售收入比例，或者根据业务的资产比例来判断企业多元化的赫芬达尔—赫希曼指数。

赫芬达尔—赫希曼指数反映了企业多元化的比重，但是不能反映各行业之间的关联程度。Jacquemin 和 Berry（1979）建议采用熵指数（Entropy Index）来反映企业的多元化程度。熵指数计算时依赖以下三个指标：一是企业分布的不同行业相关程度；二是销售收入的分布情况；三是企业分布的行业数量。熵指数可以分解为相关多元化部分和不相关多元化部分。熵的表达式如下：

$$EI=\sum_{i=1}^{n}P_i \ln\frac{1}{p_i}$$

其中，EI 为熵，p_i 为多元化公司在第 i 个行业的销售收入占总销售收入的比例；$\ln\frac{1}{p_i}$ 为第 i 个行业的权重值。

3．战略分类法

（1）产品种类法。Ansoff（1957）以产品的种类数来度量多元化，但其缺点是难以发现现有产品与新产品在目标市场、分销渠道以及生产等领域的相关性。基于此，Penrose（1959）从最终产品数的增加、垂直一体化程度增加、企业业务领域的增加来度量多元化程度。

（2）产品的专业化比率。Wrigley（1970）采用产品的专业化比率来分析企业的经营战略行为，即某一类最大产品的销售额 S 占企业销售总额的比例。当 S ≥ 95% 时，企业实行单一产品战略；当 70% ≤ S <95% 时，企业实行主导产品战略；当 S <70% 时，企业实行的是相关产品战略，且产品之间存在相关性；当 S <70% 时，企业实行的是非相关产品战略，且产品之间不存在相关性。

（3）战略九分法。Wrigley（1970）在产品的专业化比率的基础上，根据企业独立业务的经营强项、核心技能以及战略目标等方面的相关性提出了度量多元化的九分法。

4．国际多元化指标

国际多元化（International Diversification），是指企业跨越国家边

界进入不同地理市场的国际扩张行为，是企业获取竞争优势的重要途径。学者 Qian 等（2008）借助熵指数的方法来构建国际多元化指标：

$$国际多元化=\sum_{i=1} P_i \ln \frac{1}{p_i}$$

其中，m 为企业投资的东道国个数，P_i 是企业在第 i 个东道国的机构数占该企业总境外机构数的比重。

孙维峰和孙华平（2014）采用国际多元化虚拟变量作为公司国际多元化的度量指标，同时辅之以计数法。本书按照上市公司是否拥有合并财务报表的国外（不包括港澳台地区）子公司作为公司是否采取国际多元化指标的判断依据。

5. 因子分析法构建的多元指标

张红等（2015）通过因子分析法客观赋权的特点，构建公司综合多元化程度指标，来研究房地产上市公司的多元化程度，即区域类型多元化（分布的城市层级及区域）、产品类型多元化（或业态多元化）、业务类型多元化（或行业类型多元化）。度量标准是当房地产上市公司在某个区域（某种产品类型、某种业务类型）的营业收入与总收入之比大于等于 5% 时，视为该企业在某区域（某种产品类型、某种业务类型）的一个单元。

四、企业价值以及业绩的衡量指标

企业价值是公司治理结构与公司战略行为的出发点和归宿，与企业价值内涵相匹配的是对企业绩效的度量。目前，度量企业绩效的指标有 EVA（经济增加值）、MVA（市场增加值）、EPS（每股收益）、ROA（总资产利润率）、ROE（净资产收益率）。同时，部分企业试图用平衡计分卡来较为客观和全面地去评价企业绩效。

Lang 和 Stulz（1994）采用 Tobin’s Q 值衡量公司价值。Tobin’s Q 值等于公司的市场价值与重置价值之比。当多元化公司的 Tobin’s Q

值高于模拟的单一化组合值时，表明多元化策略能够为公司增加更多的价值，体现为多元化溢价；反之则为多元化折价。如果未能发现多元化溢价，那么多元化公司具备从特定的有形资产中获得更多现金流的能力的假设就不成立。类似地，Berger 和 Ofek（1995）采用了相对价值（Excess Value，EV）度量多元化公司的价值。

Tobin’s Q 值和相对价值 EV 的应用都借助于公司的市场价值，这隐含了一个重要的假设前提，即市场是有效的。无论多元化包含多少种正面和负面的因素，都反映在市场价值中。由于两种度量方法简单有效，且可以利用行业数据探究造成多元化折价（溢价）的公司运营方面的原因，所以在之后的研究中均得到了广泛借鉴。

结合目前的实证研究，大部分学者从两个方面来度量企业绩效，即财务绩效和市场绩效。在资本市场较为成熟的前提下，财务绩效和市场绩效作为企业绩效的代理指标差异不大，但对于新兴市场国家，由于其资本市场不成熟，相应的法律法规不健全，公司治理结构层次参差不齐等多重因素，财务绩效和市场绩效往往会背离。为了有效分析和对比企业绩效的本质，一般在对于我国问题的研究中采用财务绩效和市场绩效同时对企业绩效进行测度。

第三节　本章小结

在前文的论述中，我们探讨了在“一带一路”背景下，中国企业（尤其是上市公司）作为主体力量在海外投资以及经营方面正发挥着重要的作用。在“一带一路”逐渐深化的这几年间，国家在财政以及税收方面都向“一带一路”企业进行倾斜，给予大力的支持。同时，我国企业“走出去”的脚步越来越大，投资的领域由基础设施、能源建筑业建设过渡到贸易、金融、互联网、文化、教育、旅游等多个行业、多个领域，而且逐渐由数量为主过渡到数量质量同时并举的海外经营投资战略，在带动地方就业以及推动经济发展方面发挥的作用也越来越大。我们不禁思考，在投资多元化过程中，我国上市公司的价值以及业绩是怎样变化的？我们想通过多元化的这一视角解释“一带一路”倡议下，我国上市公司企业价值以及经营绩效之间的关系，从而为企业在“一带一路”背景下更好地“走出去”出谋划策。

现有的学术研究大多数集中研究了企业多元化的意义，基于不同的研究视角发现了诸如“不相关”“正相关”“负相关”“‘U’型关系”“倒‘M’型关系”等多种研究结果,但是大多数研究并没有区分“多元化”是企业在本国的多元化还是境外的多元化。关于境外多元化对于企业价值的研究，尤其是在“一带一路”背景下，我国上市公司多元化对于企业价值的研究还存在很大的研究空间，而且在企业价值以及经营绩效之间的衡量方面上还存在诸多不统一，用不同的衡量指标有可能会得出有差距甚至完全不同的研究结果，这仍然需要我们花时间去研究出相关的衡量企业价值的指标，从而避免研究的主观性。

多元化投资对于企业价值的研究主要集中在某一具体企业（没有区分国内以及国外的多元化投资）广度以及流量来衡量多元化对于企业价值，而且研究的结论不尽相同，大致有多元化折价、多元化溢价、多元化中性三类观点，同时考虑了相关企业的管理人员的特征以及所处的经济地带对公司价值的调节效应。现在还很少有直接研究企业对外多元化投资对于企业绩效的影响的文献。

在“一带一路”背景下，越来越要求企业“走出去”，积极向国外投资，所以企业的多元化经营就显得尤为重要。然而，在这一过程中，多元化发展对于我国在“一带一路”沿线国家投资的企业来说，是面临由于文化、制度、法制环境等的不适应而产生的企业价值的毁损，还是由于多元化经营、投资会导致企业的资源、人力、市场环境的优化从而实现更好的资源配置、更优化的市场环境？现在大多数研究还具体停留在政策以及理论层面，很少有研究通过大数据去发现企业多元化对于公司价值的影响。而且，不同的投资主体（国有企业、民营企业、外资企业）是否会在“一带一路”过程中产生不同的绩效差异，从而影响公司价值的实现，解决这个问题仍然需要大量的实证研究。

我们借助 Wind 数据库，基于多元化视角分析“一带一路”背景下，我国上市公司多元化战略的实施与其自身价值之间的关系。对于多元化指标的度量，在本书中，我们采用连续的度量方式，并构建了新的多元化投资经营战略的度量方式，分产品、地区以及行业三个层面度量公司的多元化经营水平。

第二章

相关理论阐述

第一节　公司价值相关理论

一、公司的含义

对于公司的含义，不同的经济学派有不同的观点。微观经济学的观点是，公司是以生产销售某种物品或者提供特定劳务的单位，公司的目的在于营利。交易费用学派的观点认为，公司的产生是出于节约市场交易费用的动机。产权经济学派认为，公司和市场都是一种合约，公司的本质是一系列合约的集合。马克思认为，公司是一种经济单位，具有更高的劳动生产效率。资产评估理论认为，公司是一个系统目标，集聚各种要素资产，各种要素资产在公司内按照特定的生产工艺或经营目标有机组合。总之，公司是一个实体，客观存在于经济生活中，是一个集土地、劳动力、技术、资本和企业家才能等各种资源于一体的综合体。公司在承担着市场风险的情况下追逐利润，为社会提供产品和服务。公司具有以下特征：

1. 营利性

公司的目标是非常明确的，无论是销售商品还是提供劳务，其最终目的就是盈利，这也是公司的主要特征。为了实现盈利目标，公司需要具备相应的功能，要在既定的生产经营和服务范围内，将各种要素资产进行有机结合，形成相应的生产经营结构和服务功能。

2. 整体性

公司具有整体性，即使公司拥有的要素资产种类和功能不一致，但是要素资产在公司范围内进行了有机整合。公司是具有整体功能的资产综合体。

3. 有用性

公司生产的产品或者提供的服务必须是对社会有用的，这是公司得以生存的前提条件；否则，公司将不复存在。

4. 敏感性

公司要实现营利的目的并保持持续经营，不仅要有良好的整体性，还必须对不断变化的外部环境保持高度的敏感性，并适时地做出相应调整，包括生产规模、经营方向、服务的类型和范围等。

二、公司价值理论

目前国内外理论界、资产评估界对公司价值的认识并不完全一致。学者们的观点非常不一致，角度上存在差异。总体来说，主要的公司价值理论有：

1. 劳动价值论

劳动价值论认为，公司价值是凝结在公司这一特殊载体上的人类劳动，这种劳动是无差别的，其大小是由社会必要劳动时间决定的。公司作为一特殊的载体，通过凝结无差别的人类劳动，从而生产出具有使用价值的各种商品和提供具有价值的服务，从而获取收益。公司既具有价值，又具有使用价值。公司也是一种特殊商品，是载体式的。公司可以通过上市、并购、重组、破产等诸多市场交易方式体现公司价值。公司具有其本身的特殊性，无法被批量生产、批量销售。但是劳动价值理论是有其自身缺陷的。因为公司的稀少性和差异性，难以计算凝结在公司内的社会必要劳动时间。

2. 效用价值论

效用价值论认为，公司价值的高低取决于人们消费公司的商品或劳务后感受的大小。顾客对于公司提供的商品或劳务感受越大，公司的价值也就越高。这种观点是基于市场消费者出发的。从公司为消费者带来的效用来衡量市场价值，这种理论可以在一定程度上体现公司价值水平的高低。但是效用概念的主观性较强，比如，在同一个时间，不同的消费者会产生不同的效用，在不同的时间，同一个人消费时的效用也存在差异。

3. 成本价值论

成本价值论是从会计核算角度出发，认为公司价值是建立公司的全部成本费用的货币化表现，其大小是由组建公司的全部支出构成的。因此，公司的价值能够由各种单项资产的价值汇总得到。这种观点将公司视为一般商品，价值的形成是构成商品的各项要素的成本之和。这种观点的缺陷在于，没有考虑各项资产进行组合所产生的正效应和负效应，这种效应会使真实的公司价值低于或高于单项资产之和。

4. 市场价值论

市场价值论从市场交换角度出发，认为公司价值是在无迫害、无负债交易中的价值，这种交易发生在有组织的市场上或者是私人团体中进行的协商谈判，参与交易的双方会随时调整他们对公司价值的评估。它是一种双方协商后的价值，对双方而言都是比较公平合理的。因此，市场价值也可以被称为公允价值。然而，在任何时候公司的市场价值都会受到很多其他因素的影响，比如各当事人的偏好，甚至一时的兴致、收购活动的激烈程度、重大的产业发展、政治经济条件的转变等。因此，这种价值具有潜在的不稳定性，在计量上相对困难。

5. 未来价值论

未来价值论认为，公司未来的获利能力决定了公司价值。因此，公司价值是在未来各个时期产生的净现金流量的现值之和。公司未来的获利能力包括公司现有的获利能力和潜在的获利机会。前者是在公司现有的资产、技术和人力资源基础上，已经形成的预期获利能力；后者是指公司当前尚未形成获利能力，但以后可能形成获利能力的投资机会。这种价值观是一种非常科学的价值观，它充分考虑了价值的时间因素，也考虑了公司价值的可比性。这种方法要求公司未来的现金流量和折现率是可知的，这样就能够比较容易准确地估计时间的价值。但现实情况并非如此，变幻莫测的外部环境，使公司面临着各种不确定的风险因素。因此，公司的未来现金流量和折现率都很难确定，因而操作起来具有很高的难度。

三、公司价值的界定和特征

以上各种价值论似乎都在某一方面存在着合理性，但也在不同程度上存在局限性。笔者主张因素价值论，即公司价值是特定时期体现和影响公司综合实力的内部因素和外部因素的融合体。公司价值具有如下特征：

1. 公司价值是一种因素价值

公司作为一种特殊的商品，其价值既受内部因素的影响，也受外部因素的制约。内部因素表现为公司的经营管理、公司盈利、公司成长以及公司风险，它们可能是公司的优势因素，也可能是公司的劣势因素，影响着公司内部价值的大小。外部因素包含各种环境因素（比如政治、政策、自然环境、技术、经济与人口等）、行业因素和市场因素等。它们可能为公司实现价值增值提供机会，也可能对公司产生威胁，导致公司价值减少。公司价值是由这些内外因素共同决定的。

2. 公司价值是一种综合价值

公司价值涉及多种内外因素，它们共同作用并决定着公司价值，因此，公司价值是由内部因素和外部因素共同构成的综合体。

3. 公司价值是一种时间价值

由于公司价值是由各种因素共同来决定的，在不同的时间，因素的种类、因素的影响强度，以及影响的方向都可能发生变化。因此，公司价值是体现在特定时间下的综合价值。

总之，公司价值是指在特定的时间中展示公司这一特殊商品的综合实力的各种影响因素（包括内部因素与外部因素）的综合体。

四、公司价值评估相关理论

价值评估理论产生于19世纪末20世纪初的并购行为，并随着人们对公司价值概念理解的不断深入而逐渐发展成熟。公司价值评估的历史包含公司价值含义变动史和价值评估方法变动史。价值评估理论的变迁大致经历了以下三个时期：

1．价值评估的萌芽期（19世纪末20世纪初）

19世纪60年代，随着工业化的开始，公司并购在证券市场上逐渐活跃起来。美国是第一个掀起并购浪潮的国家，并且在1898~1903年进入高峰期，横向并购（生产同类产品的公司间并购）成为当时并购的主流。当时，工业股票的上市投资银行以及收购经纪人都对公司的价值评估产生了强烈的需求，公司价值开始受到人们的关注。在公司并购活动中，并购价格作为一个焦点问题，是决定并购活动成败的关键。只有确定一个买卖双方都能接受的价格，并购活动方能完成。这一价格的确定，实质上依赖于买卖双方对于公司价值的估计。

这一时期，公司价值表现为交换价值或公允市场价值，公司价值评估服务于公司的兼并收购或者股权转让。如何确定这些活动中所需要的公司交换价值或公允价值，成为并购或者股权转让成败的关键。资产的价值资料易于取得，且比较明确。因而以资产价值来确定公司价值显得比较容易，且易于被并购双方所接受，因而账面价值法成为当时评估公司价值的主流方法。

2．价值评估的成长期（20世纪初至50年代）

在这个时期，经济活动与金融活动的关系日益密切，出现了由经济货币化向经济金融化过渡的趋势。公司管理当局所控制的资源往往是已经完全证券化的资产和负债，如股票和债券。由于证券市场的高度发达，许多公司实现了直接融资。股权投资人和债权投资人成为公司资产直接索偿权的持有人。公司管理者对公司管理的关注已经远离了生产和经营过程，而是转移到了公司各种金融资产的市场价值上。

随着投资者数量的日益增多，上市公司的经营行为和理财行为迅速在公司股票上得以体现。科学合理的管理行为会提高公司的股票价格，低劣不合理的管理行为会降低公司的股票价格。公司股票价格的变化直接导致了投资者（既包括股权资本投资者，也包括债券资本者）投资财富的增减。人们将公司价值理解为公司投资价值，投资获利水平不是取决于公司在以往的时期里所获得的收益，而是取决于公司在未来时期里所获得的收益（现金流量）。购买股票就是购买公司的未来，这一观点已经成为业内人士的共识，公司的可持续性发展成了投资者和公司管理者所关注的核心问题。经济全球化在奇迹般地提高了整个经济系统流动性的同时，也带来了不容忽视的风险，它可以在一夜之间给人们带来巨额财富，同时也可以使亿万资产顷刻间化为乌有。对公司风险的界定、度量及控制已经成为一个极其关键的要素。公司要想求得长远发展，必须在风险与收益之间进行科学的权衡。

由于风险因素的加入，使人们逐渐意识到利润最大化已经不再是公司的最终目标，现金流量成为公司价值的衡量尺度。在这个时期，现金流量折现的评估思想获得了普遍的认可，但在具体操作上，预期现金流量、公司可持续发展年限的确定以及折现率的选择还存在很大问题。

3．价值评估的成熟期（20 世纪 50 年代至今）

1958 年，著名经济学家莫迪格利尼和米勒发表了《资本成本、公司融资和投资理论》学术论文，对投资决策、融资决策与公司价值之间的相关性进行了深入研究，并为公司价值研究提供了方法论。在无税的条件下，公司价值与融资决策无关。他们认为，公司价值的大小主要取决于投资决策。在均衡状态下，公司的市场价值等于与其风险程度相适合的折现率对预期收益进行折现的资本化价值。

夏普的资本资产定价模型（CAPM）用于对股权资本成本的计算，大大提高了折现率确定的理论支持。对于加权平均资本成本问题，人们逐渐意识到，与未来财务决策及其现金流量相关的不是账面价值的权数，而是市场价值的权数。折现率研究方法的进展，提高了折现率与价值评估的相关程度。

20 世纪 80 年代兴起的高科技革命，引起了知识经济的全面崛起，从而对公司价值评估技术提出了新的要求。信息电子和生物制药行业虽然微利甚至未达到盈亏平衡，但其股票市价却高得惊人。究其原因乃是潜在的投资机会在起作用。20 世纪 70 年代发展起来的期权定价理论可以很好地对公司潜在的获利机遇进行评估。运用期权定价技术来调整按现金流量贴现评估的公司价值，无疑会使公司发展机遇这一要素在公司价值中得以充分体现，从而使评估值进一步趋向合理。

通过对公司价值评估历史的追溯，笔者认为价值评估的发展具有以下特征：

（1）经济环境因素是诱因。正是由于经济环境的改变，引起新的价值评估的需求，从而推动了价值评估方法的发展。因此，价值评估发展的动因是不断满足由于经济环境变化所导致的对评估信息的需求。

（2）公司价值含义的变异是直接原因。早期人们只关注公司的交换价值，后来将可持续发展因素和风险因素纳入了公司价值的考虑范畴，之后又将公司的潜在的获利机会并入了公司价值的衡量范围。公司价值含义的变化直接引起评估理论与方法的发展。

（3）价值评估的复杂性不断增强。人们对公司价值含义理解的变化，一方面标志着价值评估理论的不断完善与成熟，另一方面也反映出公司价值越来越受到众多因素的影响，价值评估技术面临着更加严峻的考验，使价值评估呈现出一定程度的复杂性。

（4）价值评估成递推式变异。新的价值评估思想以原有的评估思想为基础，并产生一些新的变异，从而推动新的评估理论与方法不断诞生。

第二节　多元化投资战略

一、多元化战略的含义

企业多元化战略通常是指企业经营或服务的异质市场数量增加的行为。多元化战略的内涵，从动态角度来看就是进入新行业的过程。Ansoff（1957）认为，多元化战略就是向新市场销售新产品的成长战略，是企业寻求长期发展、利润最大化目标下一定发展阶段的动态行为。实施多元化战略对技术、设备等资源和组织结构提出了新的要求。Penrose（1959）认为，企业多元化是一个动态过程，即在原有生产经营的基础上继续扩大经营范围，开发出新产品和新服务，因此企业涉猎的行业变多了。多元化会使产品线由单一向多元扩张，组织结构由“U”型变成“M”型，组织管理能力随之提高，战略的转变与结构的调整具有紧密的关系，只有这样才能保证战略的成功（Chandler，1962）。Maki 和 Gott（1962）认为，多元化战略是指企业生产经营、服务所在的不同属性的市场数量的增多。不同属性意味着两种产品交叉需求弹性不高，生产经营两种产品的要素资源存在异质性。当两种产品在相同属性的市场或在产业链中处于垂直关系，则不算是多元化。从静态角度来看，多元化战略是企业同时经营多种业务的一种状态，多种业务要么在技术或市场上具有相关性，要么无关（Pitts and Hopkins，1982）。也有学者认为，多元化战略是在多个行业进行产品生产，或是在多个市场进行产品销售（康荣平，1999）。只有行业和市场的相关性需要得到界定，才能准确地判断企业是否进行了多元化。还有的学者认为，企业不仅可以通过内部发展还可以通过外部并购扩展新领域（巫景飞等，2008）。

二、企业实施多元化战略动机的相关研究

1. 企业拥有的资源和能力对多元化的影响

朱江（1999）认为，规模大的企业未必一定要实现多元化，规模不是企业实行多元化的主要动因。朱武祥（2001）认为，多元化通常指企业经营不同行业的业务，非国有企业管理层基本上认为进行多元化企业面临治理、经营和管控的更大挑战；融资能力对企业多元化规模和范围造成较大制约，融资能力差异源于企业投资能力、管控能力、品牌、信用等级的不同；来自外在环境驱动多元化的主要因素有行业竞争程度、获利风险及发展机会，而多元化的实施依赖于金融市场资源配置效率水平；不相关的业务有助于降低收益风险，减少收益的剧烈波动，增加了收益的稳定性，为企业战略适时转型提供机会；企业所做的多元化选择与股东价值、社会资本配置效率可能会不一致，需要相关方面的监督和评价来制约。从企业拥有的资源来看，企业的规模越大，研发投入越多，会更容易实施多元化战略（Gourlay et al.，2004）。从企业拥有的能力来看，技术能力、营销能力、融资能力强的企业更容易实施多元化战略（Ito et al.，2005）。

国内有学者围绕多元化相关问题，通过对中国 MBA 学员的问卷调查和对中国企业 CEO 公开言论的收集，与西方理论进行比较，发现从多元化动机而言，中国企业主要是受为减少风险进行资产组合及政策制度的驱动，西方理论更多地从资源、内外资本市场交易费用、委托代理问题等方面进行解释；从选择多元化的时机来说，中国企业更多考虑自身的实力问题，西方理论发现企业实施多元化往往是应对威胁的策略选择；从最终的产品选择可以看出，中国企业看重产业的关联度和吸引力，西方理论更偏向于产业关联度的影响（贾良定等，2005）。洪道麟和熊德华（2006）的研究结果表明，企业规模、年龄、成长能力和控股股东类型等企业特质、行业特征会对企业选择多元化产生较大的影响，行业吸引力小、规模小、年龄大、财务杠杆大、成长性低的企业更多地选择了多元化，国有企业则较少选择多元化；宏观经济形势

对多元化选择的影响并不显著。姚铮和金列（2009）采用三角测量法并基于访谈资料和文档资料进行研究，发现雅戈尔多元化的动机来自优化资产组合、利用资源、提升主业实力、获取协同效应、减少交易费用和利用政府政策；雅戈尔的产业选择主要考虑有形相关性、市场前景、管理团队和资产柔性，管理层也非常关注企业驾驭新产业的能力。

Goossen 等（2007）研究了 1995~2000 年西班牙的 983 家企业，发现创新能力会促使企业倾向于选择多元化战略。获利能力强的企业可以积累实施多元化所需要的资金，获利能力强的企业资金有限而无力实施多元化（Grant，1988）。但是，也有研究认为之所以选择多元化，恰恰是因为企业现有业务领域获利能力弱，从而积极地寻找获利能力强的领域（Campa and Kedia，2002；Gones and Livdan，2004；苏东蔚，2004）。自由现金流较多的企业更容易进行多元化并购（Hubbard and Palia，1999；洪道麟等，2006），但自由现金流越多越容易导致过度多元化。债务融资较多的企业还款压力大，而较少进行多元化。也有研究认为，长期债务融资较多的企业会有多元化倾向。

2. 公司治理对多元化的影响

多元化成为大股东掠夺小股东的途径之一，同时大股东的持股比例越高，其对企业的控制力越强，因此股权集中度越高的企业多元化程度越高。股东权利受限，公司治理水平较差，管理层机会主义行为较多的企业多元化程度更高。大股东和债权人的有效干预会减少管理层的机会主义行为，使多元化程度受到抑制；非国有企业股权集中度高，股东对管理层的控制力较好，多元化程度较低。金天和余鹏翼（2005）认为，股权结构中的国有股比例与多元化程度显著负相关。也有学者研究了企业股权结构与多元化之间的关系，研究结果表明，股权集中度、国有比例、流通 B 股比例较高的企业，多元化程度较低；而高流通 A 股比例越高，多元化程度越高，其中没有显著的证据证明国有股比例与多元化之间的关系，法人股比例的高低对多元化程度没有影响。对于股权集中度高的影响，西方学者解释为大股东发挥了积极的监督管理者的作用，限制了管理者利己行为下的多元化投资。我国企业大股东采取了关联交易等掏空行为，导致了对多元化水平的限制。地方政府的态度更倾向于企业经营多元化，因为企业扩张可以提高政绩，成为官员职位晋升的政治资本，但国有股在一定程度上会被大股东利用，导致国有股对企业多元化的影响为负，但影响不显著。法人股在公司治理中的监督作用没有得到充分发挥。在高流通 A 股比例下，管理者利己动机下的进行多元化的能力更强；流通 B 股对多元化的负向影响结果并不稳健。

董事长和总经理两职合一的企业较多进行多元化经营，这种现象在 CEO 任期越长、董事会越独立的企业中更明显，在管理层持股更多或机构持股更多的企业中较少。

如果董事会成员中有在多个公司任董事的，会因繁忙的工作而疏于对管理层的有效监督，公司多元化程度往往较高。关联董事越多的企业多元化程度越低，董事会成员职能背景越丰富的企业越容易进行多元化。

管理层持股比例较高的企业进行多元化经营的较少。有研究认为，管理层持股比例较高的企业，管理层为了分散风险较多选择跨行业经营；还有研究认为多元化程度与管理层持股比例呈“U”型关系。

股东如果对管理层的激励不足会显著引起多元化扩张。有学者检验了企业家特征与多元化之间的关系，研究发现企业家特征中的学历、技术类专业、曾任职企业数目与多元化呈正相关，财务背景与多元化呈负相关，年龄与多元化呈倒“U”型关系，并指出高层管理团队、关系网络或社会资本对多元化影响的研究将具有重要的理论和实践意义。贺远琼和杨文（2010）对高管团队特征与多元化战略的关系进行研究发现，高管团队的平均年龄越大，教育背景差距越大，团队人数越少，多元化程度会越低。

周杰和薛有志（2011）基于控制幻觉假说进行了实证研究，研究发现管理者过度自信会产生多元化扩张的倾向。大股东、债权人和政府的干预均可以抑制管理者过度自信，其中政府干预对多元化的直接抑制作用不显著，但大股东和债权人的干预对企业多元化具有直接的抑制作用。通过制衡虽然可以实现利益一致性从而缓解代理问题，但不足以抑制管理者的控制幻觉，治理主体的干预可能会产生大股东侵害小股东、公司投资不足、降低决策的自主性等问题，但因管理层的认知偏差产生的激进决策，可以通过治理主体的干预来优化公司治理，减少因管理者过度自信带来的决策失误，提升决策的科学性。

3. 新兴市场或转轨经济对多元化的影响

刘力（1997）通过实证检验没有得出多元化对企业经营效益和经营风险的影响，其将我国企业多元化的动因概括为：追求稳定、减少经营风险、减少失业、寻找新的生长点、安置职工家属和冗余员工、政府主张承接效益差的企业等，所以促使企业实施多元化的动因不是经济目标，而是社会目标。金晓斌等（2002）从理论上阐述了公司特征、市场竞争与多元化的相互关系，市场竞争给企业未来生存压力和发展机会，公司在市场中为了追求价值最大化，在公司特征和经营领域之间进行着动态的匹配。多元化作为一种中性的经营策略，是否选择多元化受多种因素影响：不考虑竞争因素，专业化对公司是最优选择；考虑竞争因素，曾经最优匹配的优势可能会下降，企业需要寻找新的成长机会，而多元化是公司的最优选择。国有股比例与多元化呈负相关关系。金天和余鹏翼（2005）研究发现，国有股比例较高的公司多元化程度较低，法人股比例越高的公司多元化程度较高，流通股比例越高的公司进行多元化经营的越多。

张翼等（2005）针对代理问题和股权结构对公司多元化的影响进行了研究，结果表明国有公司多元化与国有股比例呈“U”型关系，在地方政府控股的公司或地方国有企业控股的公司中这种“U”型关系更加明显，非国有公司则没有这种关系；非国有公司多元化与股权集中度没有显著关系。这些证据说明委托代理问题是国有企业选择多元化的主要动因。

姜付秀等（2006）认为，企业选择是否多元化以及多元化的程度是基于内部动机和外部客观环境来决定的。例如，为了降低经营风险以及高管出于利己动机都会驱使企业进行多元化经营，企业规模小、国股有比例低、上市时间长的企业也倾向于多元化经营。另外，多元化经营也受到所在行业因素的影响。

陈信元和黄俊（2007）研究了政府干预对企业多元化经营的影响，结果发现政府干预对企业经营的影响很大，反映了在转轨时期的新兴市场环境下政企关系与企业经营活动的重要意义。此外，政府控股的上市公司进行多元化经营更加普遍。政府为了实现组建大型集团、拓展融资渠道等政治目标，为公司多元化提供了更多的资源和条件。但这种做法本身有违市场公平竞争原则，在政府干预经济的情况较严重的地区，这种影响程度更大。

方军雄（2008）的研究也发现，实施多元化并购的企业可能更多的是地方政府控股。巫景飞等（2008）认为，企业高层管理者对企业发展提供了人力资本和社会资本，其中高层管理者的政治网络关系促进了企业多元化战略的实施。在转轨时期，高层管理者的政治网络关系使企业获得了更多的资源和信息优势，为企业突破各种壁垒进行多元化创造了更好的条件，企业经营者应该在市场与政府两个方面维持平衡，不可偏废；中西部地区高层管理者的政治网络关系对行业多元化的促进作用趋于弱化，此时应该寻求其他社会资本，诸如品牌和声誉等，获得社会信任从而获得各类资源。在国有企业中，在追求私利的动机下，高层管理者的私人政治网络对业务多元化的促进作用更明显。王力军和童盼（2008）发现与直接上市的民营公司相比，以借壳或 MBO 方式间接上市的民营公司所有权和控制权的分离度和多元化程度均显著较高。张敏和黄继承（2009）在我国转轨时期的特殊制度背景下，对企业与政府之间的关系带给多元化经营的影响进行研究，研究结果表明，企业如果与政府具有政治关联，企业会更容易进行多元化，因为这种政治关联为企业的多元化带来了更多的便利条件，同时也会缓解多元化企业的股票市场风险。

对新加坡上市公司进行的研究发现，公司多元化决策很大程度上受到外部环境的影响，当多元化经营涉及的某些行业风险变大时，为了提高主业的投资效率，企业随即会通过剥离等方式减少多元化程度。中国企业多元化战略的实施同样受到外部市场环境和非市场环境的影响。企业所处行业吸引力越弱越会较多地进行多元化，行业规模越大和行业竞争程度越大将越会推动企业进行多元化，资本密集型行业多元化程度较低（杨鑫等，2010）。

于克信和谢佩洪（2011）从制度背景分析了企业多元化的动因和合理性，指出当市场经济欠发达、企业对政府较多依赖、外部获利机会多且竞争较小时，多元化越普遍，所以，在新兴市场或转轨经济中，多元化具有合理性。多元化的选择决策受经营效益驱动，并受制度环境制约，是由两方面共同决定的。企业应选择具有互补效应的业务来进行经营，产生稳定的现金流，在短期多元成长和长期竞争优势培养之间取得平衡，并准确理解和把握国家的宏观经济走势。Fauver 等（2003）考察了信息披露相关政府规定的严格程度与多元化之间的关系，当政府监管部门对企业信息披露给出明确的规则并伴有一定惩罚措施时，企业在规制压力下对外公布的信息质量变好，减轻了市场的信息不对称程度，进而更容易获得外部资金支持，使依赖内部资本市场解决资金融通的动机减弱，多元化程度收缩。

邓新明（2011）研究了在转轨经济背景下作为替代性非政治制度的民营企业政治关联的多元化效应。研究发现，由于突破行业准入壁垒或获得信贷支持的优势条件，政治关联企业往往多元化程度更高，尤其是非相关多元化的程度高；无政治关联企业，进行国际化发展时多采用专业化战略；有政治关联企业，进行国际化经营时，进行非相关多元化较多；国际化与相关多元化之间存在替代效应，与非相关多元化存在互补效应。

游家兴和邹雨菲（2014）基于非正式制度对民营企业产生的影响，研究了企业家社会资本对企业多元化战略实施的影响，研究结果表明企业家社会资本提高了企业多元化的可能性。研究证明了多元化资源基础理论，即企业能力和资源是多元化决策的关键影响因素，而企业家社会资本在一定程度上拓宽了企业资源的获取渠道。

综上所述，规模大、冗余资源多、自由现金流高、研发支出多、技术能力强、创新能力强、管理能力强和资源整合能力强的企业，更容易实施多元化战略；董事长和总经理两职合一、连锁董事、管理层激励不足和高管团队的规模与多元化程度呈正相关，高管团队的平均年龄和教育背景的异质性与多元化程度呈负相关；在所在行业不确定性增加、固定资产投入大、资本密集度较高、信息披露制度较严格的情况下，企业多元化程度较低，当行业增长缓慢、行业利润较低、行业竞争激烈、相关行业受到政府政策倾斜时，多元化程度就会较高。对于企业盈利能力、最终控制人性质、股权集中程度、资产负债比率、管理层激励政策等方面对多元化的影响没有一致的结论。通过已有对多元化战略选择的影响因素方面的文献梳理和总结，可以发现，关于内部控制对多元化战略选择的影响尚没有明确的理论阐述和经验证据，本书试图从内部控制角度探讨多元化战略实施成功的影响因素，从而对多元化战略选择的影响因素方面补充一定的理论解释和经验证据。

三、多元化影响企业价值的理论依据

1. 资源基础理论

如果投资者想要评价多元化战略对企业价值的影响，首先要评价多元化战略是否能在企业得到顺利实施。因为只有战略得到实施，多元化才能对企业价值造成影响。资源基础理论认为，支撑企业实施多元化战略的关键因素之一，是企业拥有足够的资源和能力，这是企业选择多元化战略以及多元化战略对企业价值产生影响的基本因素。

Penrose（1959）最早以资源基础理论对多元化战略进行了研究，他认为企业的本质是资源的集合体，在企业的日常经营活动中，企业总有一些资源未能得到充分利用。多元化战略能够使这些资源在不同行业之间进行转移，帮助企业充分利用和优化配置资源，实现规模扩张和提高经营效率。在此基础上，Pehrsson（2006）对企业资源进行了分类研究，认为多元化企业的资源共享可以体现在生产、销售、管理等各个方面。在生产资源方面，Collis（2005）指出，企业的生产资源具有不同的专业性，对于专用性较高的资源，只能被用于少数几个行业，而对于专用性较低的资源，其适用的行业比较多，它们深深地嵌入企业内部，很难进行出租或出售，在外部交易成本较高的环境下，这些资源会体现出更多的价值。因此，企业可以把这些专用性较低的资源保留在企业内部并将其应用到新的业务领域进行多元化扩张，从而获得“资源摊销优势”和实现范围经济，降低生产成本并增加企业价值。在销售资源方面，Homburgi 和 Buccrius（2005）指出，企业的不同业务可以实现营销资源的共享。无论是营销渠道还是分销渠道，同一渠道可服务于企业不同业务的产品，从而节约营销成本。企业对原有产品的营销投资会使企业拥有一种类似于商誉的无形资产，这种无形资产具有通用性，企业可以通过生产销售其他种类的产品，充分利用这种无形资产获得超额利润。在管理资源方面，Matsusaka（2001）构建了一个多元化动态模型，认为企业的组织能力，尤其是中高层经理的经营管理能力，不仅仅能作用于一种特定产品，而且能作用于多种产品。当企业拥有的组织能力与现有业务相匹配时，企业的经营效率能达到最大，为了搜寻与组织能力相匹配的行业，企业不断进入新行业、退出旧行业，多元化战略由此产生。此外，在管理资源中，企业拥有的法律和财务人员也可在不同业务之间实现共享，为不同业务活动提供支撑。

Teece（1980）对 Penorse 的观点进行了补充，他认为，多元化战略能产生范围经济并提高资源使用效率是需要前提的，即不是所有剩余资源的利用都能带来资源摊销优势和提高企业价值，资源的选择需要具备一定的条件。对于企业的剩余资源，由于不是所有资源都能为企业所用，因此只有具备竞争优势的资源才可以在多元化扩张中产生价值，成为实施多元化战略的有效资源。

资源的竞争优势主要有以下五个特点：第一，资源不容易被模仿。若资源不易被竞争对手模仿和复制，则该资源是能为企业带来核心优势的独有资源。第二，资源能持续存在。任何一种资源都会以一定的速度贬值，只有贬值速度慢的资源才能为企业带来长期价值。第三，资源创造的价值最终能被企业占有。有些资源的价值创造可能是通过不同单位或个人的共同作用产生的，此时应评估企业对价值的可占用性，只有可占用性高的资源，才是有助于企业提升价值的有效资源。第四，资源不容易被替代。当企业所拥有的剩余资源不容易被其他资源替代时，剩余资源才具有显著的异质性和独特性。第五，资源具有竞争优势，将企业拥有的自身资源与竞争对手所拥有的资源进行对比，当企业资源更具有优越性时，企业才拥有较强的竞争能力。根据以上五个特点，只有评估和选择有助于多元化实施的剩余资源，才能实现资源利用和企业价值的最大化。当然，企业经营活动是一个动态过程，企业应根据外部市场环境的变化，不断地对自身资源进行审视、定位和修正，以获取和保持长期竞争优势。

由此可见，从资源基础理论的观点看，企业可看作一个实现资源共享的有效率的组织。企业所拥有的未得以充分利用的资源，是多元化战略能为企业带来价值提升的前提条件。投资者在评价和判断多元化战略会给企业带来怎样的价值效应时，也应结合企业的资源状况进行分析；只有多元化战略能够有效利用现有过剩资源，企业实施的多元化战略才是科学的，是能提高企业价值的；反之，若企业的多元化战略没有足够的过剩资源做支持，则多元化战略是不合理的，其实施将不会有助于企业价值的提高，甚至会带来企业价值的下降。

2. 内部资本市场理论

投资者评价多元化战略对企业价值的影响，除了要评价多元化战略是否能顺利实施外，还要评价实施了多元化战略的企业与专业化企业有何显著不同，且这种不同是否使企业价值得到更好的增长。若多元化企业与专业化企业相比并未体现出显著优势，甚至还产生了劣势，那多元化战略也必定不会带来企业价值的提升。内部资本市场理论认为，能否构建内部资本市场是多元化企业与专业化企业的显著不同，内部资本市场的有效性是多元化战略影响企业价值的关键因素。

与外部资本市场相比，内部资本市场，是指企业总部与各经营单元之间就内部资金资源进行分配的内部市场网络。Williamson（1973）从组织的角度提出内部资本市场的概念，他认为，内部资本市场是特定组织结构对组织资源的一种运行和配置机制。在此基础上，Scharfstein和Stein（2000）从金融学的角度对内部资本市场的含义进行了拓展，他们认为，内部资本市场是与外部资本市场相类似的对企业资本进行分配和配置的一种机制。通过内部资本市场的含义可以发现，内部资本市场具备以下三个特点：第一，内部资本市场仅存在于多元化企业中，专业化企业经营单一业务，企业作为一个独立的整体一般不会涉及资金分配，而多元化企业涉及不同的业务单元，资金可在业务单元内转移。并且，多元化企业内存在集权和分权的区别，权力分配与资金配置相配合，可以共同促使内部资本市场发挥作用。第二，内部资本市场中的“资本”指企业内部的财务资本。资本有财务资本、人力资本、技术资本、信息资本等之分，内部资本市场理论仅涉及企业内部的财务资本。第三，内部资本市场的核心功能是对内部资本的分配和配置。从财务学的角度看，内部资本市场理论是投资理论和融资理论的结合，内部资本市场可以看作外部资本市场的替代。根据融资优序理论，由于外部融资往往会产生交易成本，企业倾向于首先选择内部融资，因此内部资本市场对资金的配置可以使企业的内部融资更为便利。

Lamon 和 Polk（2002）指出，内部资本市场是否能发挥有效性与其资金分配机制有关。通常而言，价格机制是资本市场发挥作用的主要因素，如外部资本市场即是通过市场价格引导资金的流动。内部资本市场与外部资本市场不同，它除了通过价格机制引导资金分配还要通过行政协调机制，即依靠权力和权威分配资金，且后者的作用更为主要和关键。因此，尽管在理论上内部资本市场能加速资金流转，但内部资本市场是否有效还要看行政划拨下资金的流转方向。

若资金更多地配置到盈利能力好的项目上，内部资本市场便为多元化企业提供了一条便利的融资渠道，即创造了“智能资金效应”。Holod 和 Peek（2010）、王峰娟和谢志华（2010）研究发现，内部资本市场可以帮助企业实现现金流的整合，提高公司整体财务的协同效应，降低公司内部现金流的波动程度，从而降低企业陷入财务危机的可能性。杨锦之和洪渊（2007）、杨锦之等（2010）的研究也发现，与外部资本市场相比，内部资本市场可以帮助企业实现对各业务单元投资项目的优化选择。他们认为，内部资本市场的最高管理层掌握着公司的剩余资源控制权，因此有足够的动力掌握和配置资源以获得更多收益。另外，内部资本市场的参与者均为企业内部的管理者，最高管理层可以与业务单元管理者针对投资项目进行良好的沟通并从中获取高质量的信息，以按照业务单元各项目的投入产出比配置稀缺资源，从而实现投资项目的优化。因此，与专业化企业只能依靠外部资本市场配置资源相比，多元化企业可以通过内部资本市场将资金分配到各经营单元，或由效益较低的业务转移到效益较高的业务，从而复制了外部资本市场的资金配置功能，增强了资金的使用效率。尤其是当外部潜在投资者与公司之间的信息不对称较强时，投资者可能会对企业的利好消息持怀疑态度，使企业无法按照合理的成本筹措到足够资金，而多元化战略可以使企业利用某些经营单元的自由现金流进行投资，降低对外部资本市场的过度依赖，避免投资不足。另外，相对于外部融资，内部融资的交易成本较低，可以使管理者获得更大的资金管理权和决策权，使多元化企业的自由现金流得到更充分的利用。

若资金更多地配置到盈利能力较差的项目上或是资金被滥用，则内部资本市场的存在加快了资金的无效使用，即导致了“愚蠢资金效应”。Wulf（2009）、Aggarwal 等（2009）的研究发现，多元化企业内部资本市场的资源配置并不一定是高效的，由于企业管理层与个业务单元管理者之间存在信息不对称，企业资金可能不是按照各业务单元的投入产出比进行分配，而是呈现出一种“平均化现象”，从而使资金从投资机会多、净现值为正的项目流向投资机会较少、净现值为负的项目，出现“跨行业交叉补贴”，致使企业资金无法发挥预期的经济效果，总体投资效率和企业价值下降。Gopalan 等（2007）、Chen 等（2012）、邵军和刘志远（2009）的研究指出，内部资本市场为企业提供了一个能使资金灵活流动的平台，为管理层自由支配现金流提供了便利条件，管理层若利用这些自由现金流谋取私利，则内部资本市场反而促使了资金的滥用。根据经济学理论，内部资本市场的有效性可根据资金在不同业务单元投入的边际收益的大小来衡量。只有在边际收益大于机会成本的情况下，内部资本市场才是有效的，否则内部资本市场缺乏效率。具体而言，Datta 和 Mello（2011）指出，内部资本市场的有效性可通过比较企业可用资金总量与各业务单元项目投资资金需求总量的大小判断得出。当企业可用资金总量大于各业务单元净现值为正数的项目投资资金之和时，企业投资不受资金限制，各业务单元最后增加的一单位投资的边际收益与投资边际成本相等，企业总投资收益达到最大，内部资本市场有效；反之，企业投资受资金总量限制，各业务单元增加的最后一单位投资的边际收益与投资边际成本不相等，边际收益小于投资边际成本，内部资本市场无效。

由此可见，多元化战略可以为企业创造内部资本市场，一方面可能会使企业在外部融资受到约束的情况下获得融资，促使资金向投资收益高的项目流转，从而降低交易成本，提高投资效率，提升企业价值；另一方面可能会促使企业实现跨行业补贴，使资金向无效率的业务单元流动，从而导致资金滥用，投资效率和企业价值下降。因此，多元化战略只是为内部资本市场的存在提供了一个组织结构方面的前提，投资者在评价和判断多元化战略会给企业带来怎样的价值效应时，应结合多元化企业内部资本市场的有效性进行分析。只有建立了有效的内部资本市场的多元化战略才能促进企业价值的提高，否则，即使通过多元化战略建立了内部资本市场，这种资本市场也只会导致企业经营效率和企业价值的下降。

3. 代理理论

判断多元化战略是不是在企业资源充足的情况下实施的，以及实施后所构建的资本市场是否得到了有效运用，需结合企业的决策和管理机制进行分析。因为企业所有的经营活动都是依赖人来进行的，所以投资者评价多元化战略对企业价值的影响，还需识别多元化企业内的各利益相关者并分析这些利益相关者的利益博弈给多元化企业带来的影响。代理理论认为，多元化企业中有股东、最高管理层、业务单元管理者三类利益相关者，在“经济人”自利原则的假设下，他们对各自利益的不同诉求会导致两级代理问题，即股东与最高管理层的第一级代理问题以及最高管理层与业务单元管理者的第二级代理问题。

关于多元化企业中股东与最高管理层的第一级代理问题，Muller（1969）、Denis 等（1997）较早地进行了研究。他们认为，在现代企业制度中，所有权与经营权的分离导致了决策管理和决策控制的分离，从而使股东与最高管理层之间产生代理问题，而选择多元化战略便是这种代理问题下最高管理层机会主义行为的重要表现。最高管理层选择多元化战略，其目的并不一定是为了增加股东财富，而是为了给自身带来好处，多元化战略是最高管理层谋取个人利益的一种手段。具体而言，多元化战略可以为最高管理层带来以下好处：

一是多元化战略可以增加最高管理层的报酬。Murphy 和 Jensen（1990）用代理理论解释了企业多元化战略的选择动机和经济后果。他们认为，最高管理层的报酬通常与企业增长紧密相关，在这种情况下，最高管理层追求的是企业规模和企业增长最大化，而不是企业效率和企业价值最大化。多元化企业涉及不同的业务，为管理层在各业务内增加投资、扩大规模提供了便利条件。

二是多元化战略可以降低最高管理层的经营风险并使其位置更加牢固。Khanna 和 Yafch（2007）认为，最高管理层与普通投资者不同，投资者可以采取投资组合的方式来分散投资风险，而最高管理层经营某个特定的公司，退出成本较高且无法分散其投资风险，一旦企业经营业绩不佳甚至破产，最高管理层的现有职位和收入将会受到威胁，其声誉和未来收入也会受到损害。实施多元化战略则可以降低企业经营风险和最高管理层的个人职业风险。Zhao（2010）认为，最高管理层在某种程度上掌握企业的控制权，因此有充分的动机实施多元化战略，通过多元化经营分散风险，在降低企业破产概率的同时，也提升管理层工作的安全系数。然而，虽然最高管理层以“东方不亮西方亮”的理念所采用的多元化战略可以降低企业专有风险，但这种多元化经营并不一定产生协同效应,对股东而言也不一定产生正的净现值。因此，最高管理层基于自身利益动机而采取的多元化战略可能会对企业价值产生不利影响，可作为代理成本的一部分。

三是多元化战略可以使最高管理层享受到建造“帝国”的愉悦以及管理大公司所带来的权利与声望。最高管理层在进入新的经营领域时，往往会选择与自身背景和经验相关的自己所擅长的领域，从而使企业对最高管理层更加依赖，其自身在企业中的影响力和控制力得到提高。Murphy 等（1989）把这种行为称为管理者防御，他们认为在这种自我保护中，最高管理层的投资往往会超过利润最大化下的最佳投资水平，实施过度多元化扩张。另外，魏锋（2007）认为，高能力往往是与复杂的组织相匹配的，多元化经营给最高管理层带来的知名度和社会声望能使他们得到不同行业和圈子的认可，最高管理层可能会以此为资本要求股东向其支付更多的报酬或获得进入比现在公司更大、更有名气公司的机会，因此最高管理层可能会受能力认可的驱使提高企业的多元化程度。

四是多元化战略可以使最高管理层获得更多利益侵占的机会。股东与最高管理层利益冲突的重要表现形式之一是向股东支付现金股利。向股东支付现金的多少，直接关系到最高管理层可控制资源的多少以及最高管理层权力的大小。Singh 等（2004）研究发现，实施多元化战略，企业可以以投资这一“正当理由”使用现金而非向股东进行现金支付，因此多元化战略增加了最高管理层对自由现金流的支配权，使最高管理层获得了除管理企业之外的更多特权，增加了他们在多元化扩张中进行股东利益侵占和剥夺企业资源的机会。

关于多元化企业中最高管理层与业务单元管理者的第二级代理问题，Scharfstein 和 Stein（2000）较早地进行了研究。他们认为，在多元化战略的实施过程中，最高管理层负责对企业总体资源进行分配，业务单元管理者负责把所分配的资源安排使用，这意味着，最高管理层通过分配资源把资源的实际控制权委托给了业务单元管理者，最高管理层与业务单元管理者之间存在代理问题。对最高管理层而言，他们只负责资金的分配而不负责资金的具体使用；对业务单元管理者而言，他们具体负责各自业务单元内项目的运行，拥有比最高管理层更多的私人信息。因此，在资金分配的过程中，最高管理层需要业务单元管理者向其提供项目的具体信息，从而决定资金在各业务单元之间的分配比例。韩忠雪和朱荣林（2005）研究发现，正是由于这种自下而上的信息流动方式，使业务单元管理者具有信息优势，当他们存在自利动机或者与最高管理层出现利益冲突时，业务单元管理者可能会隐瞒信息或传递错误信息，以在最高管理层分配资金的过程中获取更多的个人利益，最高管理层与业务单元管理者之间的代理冲突由此产生。Wulf（2002）研究发现，业务单元管理者出于自身利益的考虑，可能会扭曲真实信息，从而导致最高管理层未能实现对资金的合理分配，企业资金使用效率下降。许奇挺（2008）的研究也发现，最高管理层和业务单元管理者由于信息不对称而产生的代理问题，可能是导致多元化企业经营效率下降的重要原因。

由此可见，代理问题是影响多元化战略对企业价值产生作用的重要因素。虽然现代企业均存在代理问题，且在代理理论的观点下，最高管理层会为了谋取自身利益实施不恰当的多元化战略，业务单元管理者也会为了自身利益使资金得不到有效分配，从而最终导致企业经营效率和企业价值下降。但是，在实际经营过程中，并不是所有多元化企业的经营效率都会显著受到代理问题的影响。如果股东对各级管理层的制衡力度较大或者各级管理层与企业的利益相关性较大，则即使股东与管理层之间本身存在代理问题，代理冲突也不会明显，多元化战略的有效实施也不会受到较大影响。反之，如果股东对各级管理层的制衡力度较小或者各级管理层与企业利益的偏离较大，则管理层为谋取私利从而实施多元化的动机就会比较强烈，多元化企业的价值可能会受到损失。因此，在对多元化战略与企业价值的关系展开分析时，有必要结合我国上市公司的特点尤其是代理冲突或公司治理的特点来进行。

4. 信息不对称理论

投资者评价多元化战略对企业价值的影响，是在对相关信息进行搜集和分析的基础上进行的，投资者不参与企业的经营决策和管理，只能通过各种途径直接或间接地获取与企业经营相关的信息，从而判断企业经营状况，企业与投资者之间存在信息不对称。同时，企业内涉及多个主体，各主体之间也存在信息不对称。信息不对称理论认为，企业与投资者之间、股东与管理层之间以及各级管理层之间的信息不对称程度均与企业战略行为有关，不同的战略行为会影响企业的经营效率以及企业信息在资本市场的传递效率，并最终影响企业价值。

信息不对称指经济市场上不同主体之间对信息的拥有和了解程度并不完全一致，从而使各方对问题的认识存在差别。在企业多元化经营与投资者决策的过程中，许多主体之间都存在信息不对称，前文提到的代理问题便可理解为是由于信息不对称而产生的。一方面，股东与最高管理层之间的信息不对称导致了第一级代理问题。股东虽为企业的所有者但不实际参与企业管理，最高管理层受股东的委托，对企业具有实际决策权和控制权，对企业信息的了解比股东更全面、更透彻，因此股东与最高管理层之间存在信息不对称，并可能由于各自利益不一致产生代理问题。另一方面，最高管理层与业务单元管理者之间的信息不对称导致了第二级代理问题。最高管理层拥有资金分配权但不经营具体项目，因此需要向业务单元管理者收集项目信息以做出资金分配决策，而业务单元管理者在自利动机的驱使下，可能会隐瞒或扭曲项目的实际信息，由此使最高管理层与业务单元管理者之间产生代理问题。总之，企业内部股东与管理者之间以及各级管理层之间的信息不对称可通过代理理论进行解释。

除了多元化企业内部股东与管理层之间以及各级管理层之间存在信息不对称，企业与投资者之间也存在信息不对称，尤其是在我国这样的新兴资本市场中，信息不对称现象普遍存在且较为严重。这主要是因为：第一，对企业而言，一方面，信息披露需要花费一定的成本，根据提高盈利水平的要求，企业会对信息披露所带来的收益和成本进行权衡，并对信息的重要性进行判断，从而可能会隐瞒部分信息；另一方面，公司的信息披露可能会受盈余管理和利润操纵的影响，信息的真实性有待考察。第二，对投资者而言，其对信息的理解力有限，即使企业对所有信息都进行了充分且真实的披露，投资者也不一定能完全接受和消化。第三，信息的传递过程不一定畅通。资本市场复杂多变，且我国资本市场制度不健全，信息在传递过程中可能会受到外界的许多影响，其数量和质量会大打折扣。多元化战略是影响证券分析师向投资者提供信息多少的重要因素之一，进而会对企业与投资者之间的信息不对称程度产生影响。

企业多元化战略行为在影响企业与投资者之间信息不对称程度的

基础上，会进一步影响资本市场效率和企业资本市场价值。这主要是因为，在存在信息不对称的情况下，市场信息不能全部被投资者接受和理解，投资者无法根据市场信息做出正确的投资决策，从而最终使市场资源配置的有效性受到影响甚至会导致市场资源配置无效。按照信息不对称产生效应的先后顺序，信息不对称可分为事前信息不对称和事后信息不对称，且这两种不对称分别会产生逆向选择和道德风险两种低效率市场行为。

（1）逆向选择。如果一个公司具有信息优势，为了自身的利益，公司可能会夸大项目投资的价值或者将对其不利的消息进行隐瞒。在信息不对称的情形下，外部投资者处于信息劣势，无法准确地判断上市公司的经营情况，因此他们无法准确地判断上市公司是否具有发展前景以及公司是否值得投资。为了降低投资风险，避免为经营状况存在问题的公司支付过高的价格，投资者只能以企业的平均水平来确定最终的投资金额，从而产生逆向选择问题。逆向选择会给投资者带来不利的影响，使投资者无法获得真实客观的信息，在交易中处于受损的状态。与此同时，逆向选择还会导致“柠檬问题”。也就是说，如果投资者只会以平均价格对所有企业进行投资，资本市场中的好企业会被低估，而差的企业会被高估，最终形成“劣胜优汰”的局面。进而，在整个资本市场上，逆向选择对资源配置的有效性会造成不利影响，市场效率会下降，最严重的后果是市场失灵。

（2）道德风险。道德风险行为是指拥有私人信息的一方凭借其行动的“不可观察性”做出的对另外一方不利的行为。公司作为产生和制造公司信息的一方，在信息传递的整个过程中处于优势地位，外部投资者因为不了解公司的实际经营情况，在信息传递过程中处于信息劣势。这种信息不对称会加剧投资者对信息的“不可观察性”和“不可验证性”，从而使公司可能为了自身利益侵占投资者利益。常见的侵占行为，如上市公司在成功上市之后不再拥有上市之前的谨慎态度，其关注的重点不再是经营状况的好坏，而是能否从资本市场获得大量资金并向高风险的项目投资；当上市公司表现不佳时，通过“灰色交易”、内幕消息等虚构公司业绩抬高股价。这些道德风险行为最终会影响资本市场资源配置功能的正常发挥，尤其是在我国的资本市场环境中。我国资本市场建立时间不长，市场机制还很不成熟，对上市公司的约束和惩罚力度不够，因此，在这种环境下，道德选择行为可能会表现得更加严重，从而对投资者利益的损害也更加严重。综上所述，逆向选择和道德风险均会使投资者承担额外的信息风险以及不公平交易的风险，从而对市场的正常运作以及经济体制的公平有效性具有重大影响，并进一步对企业价值产生影响。

四、多元化投资战略

多元化投资是跨行业投资战略，是一种涉及多个行业的生产经营商业模式。在企业的多元化投资中，可以从机会成本的角度分析企业的多元化投资。公司是否能够将资金投资到一个项目之中，取决于该项目的成本与投资和其他项目机会成本的比较。如果公司能够成功地实施多元化战略，充分地将自身的能力、预期的收益和公司当前面临的风险紧密结合在一起，那么就可以在市场上找出公司的最佳组合，进而实现公司利益的最大化。多元化投资的收益指公司根据市场需求投资，从而获取利润。

1．多元化投资能够为企业带来的收益

多元化投资所获得的收益主要来自以下三个方面：一是公司承担债务的能力增加。多元化的投资方式能够为企业规避风险。对于生产单一产品的企业来说，经营风险较大，而通过多元化投资的方式，能够增大企业的融资能力，债权人更愿意把资金放到这样的企业中。二是公司通过多元化投资，可以实现原有公司资源和结构的重组。企业的管理人员能够根据不同的经营部门实现资源的优化配置，减少交易成本，提高资源的利用效率。对于企业的管理层来说，多元化创造了一个协调管理不同经营部门的方式，在提高了利润的同时也提高了运营效率。三是公司可以通过多元化投资战略建立内部的资本市场。如果公司在外部市场上有固定的融资限制，当公司遇到一个新项目，在市

场上没有合适的融资渠道时，那么公司就可以利用多元化投资所获得的内部资金帮助公司提升价值。

2. 多元化投资与资本成本之间的关系

多元化投资实现了公司财务协同和资金流的互补。当公司实现财务协同，资金周期性紧张的问题会得到减缓，进而降低公司的系统风险。因此，多元化投资能够使公司避免专业化投资所面临的问题。当公司的现金流没有得到充分利用时，多元化投资也可以促进公司现金的优化配置，提高公司资源的使用效率。在公司各部门优势互补的情形下，公司不完善的问题会得到整治，进而达到降低公司整体资本成本的作用。

多元化投资对于债务资本成本的影响，来自多元化的投资策略降低了企业的经营风险。债权人会青睐于进行多元化投资的公司，因此多元化投资会降低企业的债务资本成本。另外，如果公司进行了多元化投资，投资收益会更多地流入债权人手中，股东的利益会受到侵害。因此，随着公司多元化投资程度的增加，公司的权益资本成本会被抬高。

3. 公司多元化投资与企业价值之间的关系

投资模式与企业的价值之间存在一定因素的相关性，这种相关性存在两面性，一种是成正比，另一种是成反比。从企业投资的角度分析多元化投资对企业价值的影响，两者是随时间成正比的关系。

企业的投资活动能为企业带来收益，这一周期根据投资对象的不同，时间也有长有短。在这一过程中，对企业价值的影响往往也错综复杂。一方面，如果企业投资活动的收益周期过长，并不一定会在当期产生资金的收入，一些大的投资项目的资金往往会跨越多个项目的投资，所以企业的投资收益期是一个不确定的时间。另一方面，企业投资活动对企业价值的提升并不是直接表现出来的，而是根据企业投资收益的状况来影响企业的价值。

有研究表明，企业的多元化投资会在一定程度上减少企业价值。美国企业在20世纪末期的数据显示，多元化发展可能导致企业价值的下降，两者显著负相关，即企业多元化程度越高，企业价值下降的程度也就越大。在日本、德国、英国的研究也得到了类似的结论。

另有研究表明，企业多元化投资与企业价值之间的关系是不确定的。从企业股东的利益方面考虑，多元化投资只会在一定的时期内减少企业股东的价值，使企业资金外流，债权人由于资金占有量的提高，从而提高债权人价值。

还有一类研究表明，企业多元化投资会受到企业所处地域的影响。资本市场发展程度、国际一体化水平、法律体制是否完善都会影响企业多元化投资的实施效果。但是，在资本市场不够完善、国际化水平低下、法律体制不完善的国家，多元化对企业没有明显的影响。

目前，企业竞争日益激烈，研究多元化对企业价值的影响显得尤为重要。综观中外文献，大多数研究集中于欧美发达国家的分析，针对我国国情的多元化价值研究文献较少。因此，在中国市场背景下，研究多元化投资与企业价值的关系，对于丰富我国研究成果，为企业制定发展战略提供启示均具有重要意义。

第三节　本章小结

20 世纪 60 年代末至 70 年代初，多元化相关理论的研究主要侧重于阐述多元化对企业价值的正向影响机制，而近期的文献更侧重于分析多元化的负向影响机制。

多元化对企业正价值的影响机理表现在以下四个方面：

一是资源的优化配置。在多元化公司内部，管理者可借助于计划的行政手段，决定不同经营方向的资源配置，将资源从绩效差的经营单元转向绩效好的经营单元，从而有效地解决低效益部门投资过度和高效益部门投资不足的问题，提高资源配置的效率。

二是内部资本市场的建立。当潜在外部投资者与公司之间存在较强的信息不对称时，投资者可能会对公司的利好消息持怀疑态度，从而使公司无法以合理的成本筹措到足够的资金，公司不得不放弃净现值为正的投资项目。如果公司存在内部资本市场，就可以不依赖于非完全性的外部资本市场，通过在企业内部进行资金调度，在一定程度上解决这一问题。

三是风险分散和税收优势。高财务杠杆的公司可获得较多的税收屏蔽，使其在相同条件下比低财务杠杆具有较高的价值。多元化公司可以通过协调各经营部门的收入现金流，使公司收益波动降低，从而拥有更强的举债能力。

四是范围经济的形成。多元化可以使公司在经营部门层次和公司层次形成范围经济，从而降低成本，增大盈余，增大企业价值。

多元化在给企业带来正价值的同时，也不可避免地给企业带来了负价值，主要体现在以下几个方面：

一是过度投资。多元化能够使公司更充分地投资正净现值的项目，但同时不可避免地出现过度投资的不良倾向。

二是内部跨行业补贴。多元化公司会利用其他经营方向的盈利对亏损部门进行补贴，这种补贴会使公司的整体价值降低。

三是代理成本。由于大规模的公司将给管理者带来更高的薪酬和声誉资本，管理者为了追求自身的私有利益寻求多元化发展。并且，公司规模的增大使公司内部存在较大的信息不对称，管理者绩效评价更为困难，监管力度减弱。

第三章

“一带一路”倡议对中国上市公司的政策优势

跨国贸易和投资项目的资金需求量巨大，企业“走出去”面临着很高的自然风险、市场风险和政治风险，单纯依靠金融市场难以得到足够的支持。因此，我国在“一带一路”建设中借助了政府的力量，以政策性金融和税收优惠政策支持企业“走出去”。政策性金融指通过向企业发放优惠贷款、向投资者发行专项债券等方式，为我国企业“走出去”解决资金短缺问题。同时，我国积极与“一带一路”各国签订税收协定，给予企业优惠的税收政策，减轻税务负担，加强企业的风险抵抗能力。

第一节　政策性贷款

在“一带一路”建设国际合作框架内，各方秉持“共商、共建、共享”原则，携手应对世界经济面临的挑战，开创发展新机遇，谋求发展新动力，拓展发展新空间。目前，“一带一路”建设面临的一个比较突出的问题是金融支持存在缺口，主要体现为资金需求巨大和供给不足以及资金需求条件高和一些项目盈利能力不足之间的矛盾。因此，拓宽融资渠道，动员更多资金共同参与，就成为首先要解决的问题。政策性金融机构是政府资金的延伸，应该在弥补市场失灵方面发挥先导作用，因此，在“一带一路”建设打基础阶段，政策性金融应责无旁贷地发挥主导责任，积极支持我国企业“走出去”。

一、政策性金融体系介绍

1993 年 12 月 25 日，国务院印发了《关于金融体制改革的决定》(国发〔1993〕91 号)，首次明确提出建立独立的政策性银行的要求：“金融体制改革的目标是：建立在国务院领导下，独立执行货币政策的中央银行宏观调控体系；建立政策性金融与商业性分离，以国有商业银行为主体、多种金融机构并存的企业金融组织；建立统一开放、有序竞争、严格管理的金融市场体系。”建立政策性银行的目的在于“强调政策性金融与商业性金融分离，以解决国有专业银行身兼二任的问题；割断政策性贷款与基础货币的直接联系，确保人民银行调控基础货币的主动权”。

20 世纪 90 年代，随着国家开发银行、中国农业发展银行和中国进出口银行的成立，我国的政策性金融体系逐渐形成。

1. 国家开发银行

国家开发银行成立于 1994 年，是直属国务院领导的政策性金融机构，既是全球最大的开发性金融机构，也是中国最大的中长期信贷银行和债券银行。2008 年 12 月国家开发银行改制为国家开发银行股份有限公司。2015 年 3 月，国务院明确将国家开发银行定位为开发性金融机构。国家开发银行注册资本 4212.48 亿元，股东是中华人民共和国财政部、中央汇金投资有限责任公司、梧桐树投资平台有限公司和全国社会保障基金理事会，持股比例分别为 36.54%、34.68%、27.19% 和 1.59%。国家开发银行主要通过开展中长期信贷与投资等金融业务，为国民经济重大中长期发展战略服务。截至 2017 年末，资产总额 15.96 万亿元，贷款余额 11.04 万亿元；全年实现净利润 1136 亿元，ROA 为 0.75%，ROE 为 9.45%，资本充足率为 11.57%，不良贷款率连续 51 个季度保持在 1% 以内,可持续发展能力和抗风险能力进一步增强。穆迪、标准普尔等专业评级机构，连续多年对国家开发银行评级与中国主权评级保持一致。

目前国家开发银行在中国大陆设有 37 家一级分行和 3 家二级分行，还设有香港分行和开罗、莫斯科、里约热内卢、加拉加斯、伦敦、万象、阿斯塔纳、明斯克、雅加达、悉尼等 10 家代表处。全行共有员工 9000 余人；旗下拥有国开金融、国开证券、国银租赁、中非基金和国开发展基金等子公司。

国家开发银行的资金来源渠道主要包括：财政拨付的资本金和重点建设基金；在国内外发行的债券；外国政府和国际金融机构的转贷款项目；中央各部门集中安排的专项基金等。国家开发银行的资金运作依据如下程序：首先，根据各项资金来源和全国资金状况，预估年度可能筹集的资金量，编制年度资金来源计划；其次，结合固定资产投资计划将预期筹集的资金划分为两类，一类属于政策性贷款计划，另一类属于参股入股资金计划，分别由国家开发银行和国家投资公司掌握安排；最后，根据财政部安排的年度基本建设预算，分次向财政部请领资金用于拨付。

2. 中国农业发展银行

中国农业发展银行成立于 1994 年，注册资本 570 亿元，直属国务院领导，是我国唯一一家农业政策性银行。中国农业发展银行的主要任务是以国家信用为基础，以市场为依托，筹集支农资金，支持“三农”事业发展，发挥国家战略支撑作用。其经营宗旨是紧紧围绕服务国家战略，建设定位明确、功能突出、业务清晰、资本充足、治理规范、内控严密、运营安全、服务良好、具备可持续发展能力的农业政策性银行。中国农业发展银行的主要职责是依据国家法律法规和方针政策，以国家信用为基础筹集资金，承担农业政策性金融业务，代理拨付财政支农资金，服务于农业和农村经济发展。目前，全系统共有31个省级分行、339个二级分行和1816个县域营业机构，员工5万多人，服务网络遍布中国大陆地区。

3. 中国进出口银行

中国进出口银行是由国家出资设立、直属国务院领导、支持中国对外经济贸易投资发展与国际经济合作、具有独立法人地位的国有政策性银行。中国进出口银行依托国家信用支持，积极发挥在稳增长、调结构、支持外贸发展、实施“走出去”战略等方面的重要作用，加大对重点领域和薄弱环节的支持力度，促进经济社会持续健康发展。截至2016年末，中国出口银行在国内设有29家营业性分支机构和香港代表处；在海外设有巴黎分行、东南非代表处、圣彼得堡代表处、西北非代表处。

中国进出口银行是我国对外经济贸易支持体系的重要力量，其主要职责是为扩大我国机电产品、成套设备和高新技术产品进出口、推动有比较优势的企业开展对外承包工程和境外投资、促进对外关系发展和国际经贸合作提供金融服务。中国进出口银行的资金来源主要是财政用于进出口的专项资金以及经批准在国内外发行的金融债券和有价证券。

二、“一带一路”中的政策性金融

与商业性金融相比，政策性金融最明显的一个特征就是利率较低、贷款期限较长。我国提供的政策性金融与其他国家相比，在贷款期限上的差别并不显著，但政策性优惠利率同商业性利率的利差比发达国家小许多。作为开发性金融的践行者，政策性银行连接政府与市场、整合各方资源，以市场化的运作方式为广大发展中国家提供中长期信用支持。政策性银行是中国在“一带一路”沿线大型项目的主要融资方。中国农业发展银行主要关注我国国内的农业政策性金融业务，因此与“一带一路”倡议相关的政策性银行是国家开发银行和中国进出口银行。

从行业构成来看，首先，资源能源和基础设施是政策性银行在“一带一路”沿线提供贷款支持的主要领域。贷款项目大量分布于资源能源行业，已成为政策性银行在境外开展贷款活动的重要特征。其次，基础设施也是政策性银行对沿线项目贷款支持的主要领域，如铁路、公路、机场和油气管道建设等。此外，制造业和房地产行业也获得了一定的贷款支持。在制造业中，一半以上的项目属于石化和金属冶炼项目。房地产项目则主要集中在 2014 年以前，目前已不是政策性银行在沿线国家开展贷款活动的重要领域。

截至 2018 年末，国家开发银行在“一带一路”沿线国家的国际业务余额为 1059 亿美元，累计为 600 余个“一带一路”项目提供超过 1900 亿美元的融资。此外，国家开发银行已在“一带一路”沿线国家储备外汇项目 500 余个。中国进出口银行在全球 150 多个国家和地区累计支持“走出去”项目 2000 多个，签约贷款 1.6 万亿元。为了在“一带一路”建设中发挥更积极的作用，政策性贷款着重围绕重点方向、重点地区、重点国家，以基础设施互联互通、产能合作、经贸产业合作区为抓手，优先支持符合国家对外战略的重大标志性工程，优先支持在战略支点国家的关键和示范性项目。

1.“双优”贷款

“双优”贷款是由中国政府对外提供的具有优惠性质的贷款，具体包括援外优惠贷款和优惠出口买方信贷。“双优”贷款在“一带一路”互联互通、项目促进方面发挥着重大作用。国内企业的海外业务如果能够嫁接“双优”贷款，对于其的业务顺利拓展、收款安全、外汇风险控制都有巨大好处。

中国进出口银行是中国政府指定的援外优惠贷款和优惠出口买方信贷的承办行。2017 年，中国进出口银行“双优”贷款业务保持贷款规模平稳增长，实现了资产质量的明显提升，为进一步巩固和发展我国与广大发展中国家互信、互利和共同发展的战略合作伙伴关系奠定了坚实基础。在国家明确的“一带一路”重大标志性项目中，中国进出口银行参与近半。在中国进出口银行提供的“双优”贷款中，也有半数投向了“一带一路”沿线。“双优”贷款项目广泛涉及设施联通、经贸合作、产业投资、能源资源合作等重点领域。2014~2017 年，中国进出口银行支持“一带一路”沿线基础设施互联互通项目近 70 个，带动了 300 多亿美元的投资。其中超过 70% 集中在公路、铁路、机场、水运等交通领域。

中国进出口银行在其每年的出口信贷计划中，专门安排一定规模的信贷资金作为境外投资的专项贷款，用于支持国家鼓励的境外投资重点项目，境外投资专项贷款享受中国进出口银行出口信贷优惠利率。从图 3-1 可以看出，中国进出口银行对企业“走出去”的信贷支持数量逐年增加。

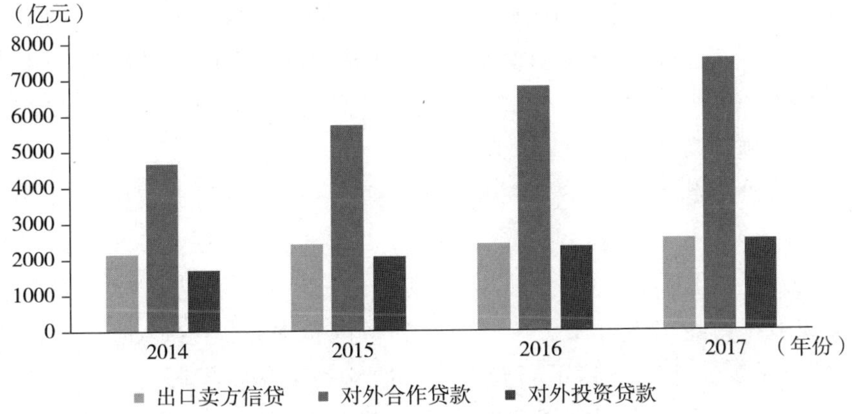

图 3-1　2014~2017 年中国进出口银行信贷情况

2. 商业银行对“一带一路”的贷款支持

商业银行在多元化吸收存款、公司融资、金融产品、贸易代理、信托等方面具有优势。民生证券关于“一带一路”的研究报告显示，截至2017年5月，中资银行在境外设立的一级分支机构超过了200家。中资银行在“一带一路”沿线国家的布局呈现出以中国银行、中国工商银行、中国建设银行、中国农业银行四大国有商业银行为主导，区域和国家布局不平衡的特点。在区域上主要集中于东南亚和东北亚，国家主要集中在新加坡、阿拉伯联合酋长国、俄罗斯、马来西亚等国。

截至2018年末，中国建设银行累计为俄罗斯、巴基斯坦、阿拉伯联合酋长国、越南、沙特阿拉伯、马来西亚等29个“一带一路”沿线国家和地区的117个项目提供金融支持，签约金额达206亿美元，突出以“融资+融智”的服务理念服务“一带一路”建设。

中国工商银行目前已支持“一带一路”沿线项目400多个，累计承贷金额超过1000亿美元，并致力于银行间常态化合作机制，打造国际交流平台。另外，中国工商银行与欧洲复兴开发银行（European Bank for Reconstruction and Development，EBRD）携手，为中东、北非多个电站项目及中亚天然气项目提供融资；共同为土耳其最大的不良贷款处置和资产管理公司提供融资支持，促进了当地金融部门创新发展和中小企业融资。国家开发银行、中国银行、中国工商银行积极参与泛美开发银行在机场、道路、风电站等项目的银团贷款，为改善当地基础设施和民生做出重要贡献。

中国农业银行已有6家机构布局在“一带一路”沿线国家。2014年至2018年末，中国农业银行累计为“走出去”客户办理项目贷款、保函、境外发债等业务1711亿美元，涉及“一带一路”国家45个。同时，中国农业银行着力发挥服务“三农”的特色和优势，支持农业企业“走出去”。例如，重点支持了新希望集团收购香港华富国际公司项目、上海梅林正广和股份有限公司收购新西兰SFF BEEF股权项目等。

中国银行在“一带一路”沿线跟进境外重大项目逾600个，对“一带一路”沿线国家授信1300多亿美元。自2015年起，中国银行卢森堡分行已累计在卢森堡证券交易所发行了5期“一带一路”主题债券，总规模近150亿美元，发行币种达到7个，为“一带一路”建设筹集中长期、稳定的低成本资金。

3. 政策性出口信用保险

中国出口信用保险公司是中国唯一承办出口信用保险业务的政策性保险公司，成立于2001年12月，公司资本金约300亿元，资本来源为出口信用保险风险基金，由国家财政预算安排。海外投资保险是企业进行海外投资，因发生非常风险遭受损失时，投资保险机构为补偿投资者损失而设立的保险。该保险重点保障由于发生战争等不可抗因素，致使合同不能执行的政策性风险，企业经营者的海外投资被没收、征用造成的风险，东道国因外汇不足而限制外汇兑换、拖延付款以及限制进口造成的经济性风险。中国出口信用保险公司以专业的保险产品、服务和经验向“走出去”企业承保承担补偿机制、提供融资便利、提升信用等级等功能。

2005年1月，国家发改委和中国出口信用保险公司联合发出《关于建立境外投资重点项目风险保障机制有关问题的通知》，中国进出口信用保险公司在国家发改委的指导下，为中国企业“走出去”具体提供如下几项服务：

（1）利用自身资源优势，向境内投资主体提供信息咨询服务，如境外经营环境、政策环境、项目合作机会、合作伙伴资质等。

（2）研究分析境外投资具体项目的政治、经济、法律、资源、市场等综合因素，提供项目国别风险评估意见。

（3）根据境外投资项目的具体风险特点，研究制定专业、稳健、有针对性的项目风险控制方案。

（4）提供境外投资保险服务，承保境内投资主体因征收、战争、汇兑限制和政府违约等政治风险遭受的损失。

在“一带一路”建设中，政策性出口信用保险覆盖面广，在支持基础设施、基础产业的建设上发挥了独特作用。中国进出口信用保险公司自成立以来积极推动“走出去”战略的实施，为企业对外直接投资保驾护航，自 2010 年起其海外投资保险承保额呈直线上升趋势。截至目前，中国进出口信用保险公司已为上百个中长期投资项目提供了保险支持，2014 年其海外投资保险承保额达到 358 亿美元，创历史新高。截至 2018 年底，中国出口信用保险公司累计支持对沿线国家的出口和投资超过 6000 亿美元。

第二节　投资基金和债券

2017 年，中国建立“一带一路”PPP 工作机制，与联合国欧洲经济委员会签署合作谅解备忘录，共同推动 PPP 模式更好运用于“一带一路”建设合作项目。因此，我国对“一带一路”沿线项目的融资支持不仅有政策性贷款，还包括投资基金和债券等渠道。

一、丝路基金

丝路基金是中国外汇储备、中国投资有限责任公司、中国进出口银行、国家开发银行共同出资，依照《中华人民共和国公司法》，按照市场化、国际化、专业化原则设立的中长期开发投资基金，是国家为推进“一带一路”建设而设立的投资基金。丝路基金通过以股权投资为主的多种投融资方式，重点围绕“一带一路”建设推进与相关国家和地区的基础设施、资源开发、产业合作和金融合作等项目，推动国内高端技术和优质产能“走出去”，确保中长期财务有可持续和较好的投资回报。

2014 年 11 月，中国政府宣布出资 400 亿美元成立丝路基金。丝路基金是中国政府为推动“一带一路”倡议单边设立的开发性投资基金，由此将股权投资方式引入了“一带一路”融资支持体系。2017 年 5 月，中国政府宣布向丝路基金增资 1000 亿元人民币。目前，丝路基金重点跟踪100多个项目，涵盖各种项目类型，包括绿地项目、并购项目，有传统的基础设施、能源资源开发、产能合作项目，还有高科技和新型服务业项目。

丝路基金以股权投资为主，也即所谓的“直投”。这样的投资方式既保证了丝路基金的非援助性，也有助于投资项目风险收益的恰当评估，提高投资的透明度和可测性。丝路基金具有以下几个特点：

（1）丝路基金是中央资金支持的专项投资基金。丝路基金由中央政府以外汇储备出资，在首期100亿美元资本金中占比65%，2017年“一带一路”国际合作高峰论坛后又获得1000亿元人民币增资，由此奠定了其在“一带一路”投资基金体系中的权威和引领地位。

（2）丝路基金主要投向符合东道国（地区）发展战略的重大项目。根据丝路基金官网，截至2018年底，丝路基金协议投资金额约110亿美元，实际出资金额约77亿美元，已签约项目19个，涵盖基础设施、资源开发和产能合作等领域，其中一半以上是具有东道国（地区）官方背景的大型能源和资源项目。

（3）丝路基金的业务合作方式开放多样。除股权投资外，丝路基金还可与国际开发机构、境内外金融机构等发起成立共同投资基金或组织银团贷款，以及进行资产受托管理、对外委托投资等。例如，2015年12月，丝路基金出资20亿美元设立中哈产能合作基金；2018年4月，丝路基金与欧洲投资基金设立了共同投资基金，目前已开展实际投资，促进了“一带一路”倡议与欧洲“容克计划”对接，实现了互利共赢。

作为“一带一路”倡议的发动机，丝路基金的金融支持主要体现在杠杆作用和协同效应两方面。一方面，丝路基金为一个基础设施项目配一点项目资本金，有了项目资本金作为信号，商业资本发现项目有保障，并且政府支持，就愿意参与，然后就会引发公私合作的模式，进而把社会资本与民间资本结合起来。另一方面，一般项目都需要债权融资和股权融资相配合。丝路基金联合其他投资者共同投资股权，让一些因缺少资本金而难以获得贷款的项目容易启动，这时中国进出口银行和国家开发银行就可以跟进发放贷款，中国投资有限责任公司也可以参与一部分股权投资。

二、“一带一路”的专项投资基金和合作基金

在丝路基金的引领下，中国中央政府参与的国际合作投资基金、各级政府设立的专项投资基金和企业出资的产业基金，也在积极向“一带一路”项目提供资金支持。

中国政府前期参与的双边和多边国际合作基金为“一带一路”沿线项目提供了融资支持。这类基金通常由政策性银行代表中央政府参与，基金规模在10亿美元至100亿美元，主要用于投资参与国当地的项目以推动国家或区域发展。许多基金已经在“一带一路”沿线国家开展了重要的投资项目，例如，中国—东盟投资合作基金已在东盟地区完成了涉及港口、通信、矿产、建材等领域的10个一期投资项目，中国—欧亚经济合作基金、中国—中东欧投资合作基金和中国—东盟海上合作基金等也在沿线国家进行了投资。未来，这些基金将凭借前期积累的投资经验，继续成为“一带一路”建设中的重要力量。

各级地方政府也在积极设立服务于“一带一路”倡议的专项投资基金。全国31个省（市）都已表明要积极参与倡议，其中2/3的省（市）在2015年将“一带一路”作为优先发展领域写入年度工作计划。目前，江苏、广西、广东、河南和陕西等省（区）已经与商业银行和地方骨干企业联合设立了地方版的“丝路基金”，预计其他省份也会陆续行动起来。这些地方基金的规模一般可达100亿元以上，不仅支持省内企业在“一带一路”沿线国家开展投资与合作，也投资于省（区）内的基础设施和新兴产业以促进与“一带一路”沿线国家的联通和合作。

此外，一些大型国有企业和民营企业也相继设立了“一带一路”概念的投资基金。根据清科数据和公开资料初步统计，国内已有十多只此类基金成立并运营。其中，多数为同一行业的企业为在相关领域拓展投资机会而共同设立的产业基金，如陕西黄金集团、兴业银行等发起设立的丝绸之路黄金基金；也有以集团为单位，由下属多家企业联合组建的投资基金，如中信银行联合中信集团下属多家公司宣布将融资7000多亿元助力“一

带一路”倡议，并设立了首期规模 200 亿元的“一带一路”基金。相比较而言，国有企业设立的基金普遍规模较大，可达到百亿元人民币以上，而民营企业发起的基金规模通常为几十亿元（见表 3-1）。

表 3-1 中国金融机构发行“一带一路”概念债券情况

发行主体	发行时间	融资规模	上市地点
国家开发银行	2015 年 9 月	10 美元和 5 亿欧元	伦敦
	2017 年 11 月	共计 30 亿美元，含美元和欧元	中国香港
中国进出口银行	2016 年 11 月	20 亿欧元	新加坡
中国银行	2015 年 6 月	共计 40 亿美元，含人民币、美元、欧元和新加坡元	香港、台北、新加坡、伦敦、迪拜
	2017 年 4 月	共计 30 亿美元，含美元、欧元和人民币	中国香港
	2017 年 5 月	6 亿美元	
中国建设银行	2015 年 11 月	10 亿元人民币	香港、吉隆坡
	2016 年 9 月	10 亿元人民币	新加坡
广州富力地产有限公司	2016 年 12 月	2.65 亿美元	新加坡
	2017 年 1 月	4.6 亿美元	

1. 联合融资基金

中国人民银行、中资金融机构与多边开发机构和发达国家在“一带一路”沿线国家积极开展联合融资，为实现“一带一路”互利共赢进行了有益探索，取得了良好效果。

中国人民银行与多边开发机构积极开展联合融资，协同效应逐步显现。中国人民银行先后出资 30 亿美元与国际金融公司（The International Finance Corporation，IFC）成立了联合融资基金，出资 20 亿美元与非洲开发银行成立了“非洲共同增长基金”，出资 20 亿美元与泛美开发银行成立了“中国对拉美和加勒比地区联合融资基金”，向欧洲复兴开发银行的“股权参与基金”出资 2.5 亿欧元。

截至 2019 年第一季度末，上述联合融资机制已投资超过 30 亿美元，项目数量近 200 个，覆盖欧洲、中亚、拉美等共建“一带一路”地区，涉及供水卫生、交通运输、农业、青年就业等领域（见表 3-2）。

表 3-2　我国“一带一路”投资基金体系初步形成

类型	代表性基金	资金规模	投资项目
国家单边开发性投资基金	丝路基金	400 亿美元	巴基斯坦卡洛特水电项目、阿拉伯联合酋长国哈翔清洁燃煤电站、中哈产能合作专项基金等
双边 / 多边国际合作投资基金	中国—东盟投资合作基金、中国—欧亚经济合作基金、中国—中东欧投资合作基金、中非发展基金、中俄投资基金等	10 亿至 100 亿美元	印度尼西亚大型镍铁冶炼项目、中俄边境同将铁路大桥、波兰格勒诺布尔风电新能源项目等
地方“一带一路”投资基金	江苏“一带一路”投资基金、广西丝路基金、西咸新区丝路产业发展基金等	亿元人民币	省内企业在沿线国家的投资项目、国内“一带一路”沿线的建设项目等
企业设立的（产业）投资基金	中信银行“一带一路”基金、丝绸之路黄金基金、绿色丝绸之路股权投资基金等	10 亿至百亿元人民币	各产业领域的优质项目，重点领域包括：基础设施、矿产、新能源、绿色生态、高新技术等

2. 熊猫债

2005 年 2 月，国际多边金融机构首次受批获准在中国境内发行人民币债券。同年 10 月，国际金融公司和亚洲开发银行（Asian Development Bank，ADB）在境内银行间市场分别发行了 11.3 亿元和 10 亿元以人民币计价的债券，标志着“熊猫债”市场正式起航。

不同于“点心债”“功夫债”“申根债”等特殊债券，“熊猫债”是境外合格机构在中国境内债券市场发行的以人民币计价的债券。通常来说，这些合格机构包括国际多边组织以及跨国公司等，其融资用途既包括支持境外组织在境内建设的项目，还包括为“一带一路”沿线国家基础设施建设等项目提供融资渠道。对于境内投资者而言，虽然资本市场开放进程在不断推进，但通过官方渠道投资境外优质资产的机会仍相对较少，成本也相对较高，且境外发行人在境内市场仍相对较稀缺，“熊猫债”的发行为这些有意愿投资海外优质资产的投资人提供了多样化配置资产的机会，那些高质量的境外发行人发行的“熊猫债”尤其受到追捧。

“熊猫债”的融资成本比发行“点心债”要低，这可能是由于在岸市场的流动性较好、美元兑人民币的波动性等因素影响所致。“点心债”的发行人通常要支付更高的溢价以对冲汇率风险，“熊猫债”则规避了这些风险因素。

2018 年 9 月 25 日，中国人民银行联合财政部发布《全国银行间债券市场境外机构债券发行管理暂行办法》，该办法明确了银行间市场熊猫债的监管主体为中国人民银行。2019 年 2 月，“熊猫债”发行指引细则落地，作为《全国银行间债券市场境外机构债券发行管理暂行办法》的配套细则，《境外非金融企业债务融资工具业务指引（试行）》在“熊猫债”发行的信息披露、募集资金使用、中介机构等方面明确了核心制度安排，有助于推动“熊猫债”市场发展成为规则透明、机制高效、流程规范的市场。数据显示，2015 年之后“熊猫债”迎来发行高峰，当前未到期的存量“熊猫债”达 154 只，规模达 2725.30 亿元。

第三节　税收优惠

“一带一路”倡议沿袭了“丝绸之路”精神，力求加强“一带一路”沿线国家之间的经济贸易往来，建立可靠的区域合作平台，将沿线国家的资源汇集起来，共同打造命运共同体和利益共同体。经贸合作是“一带一路”建设的重要内涵之一，贸易、投资、金融合作以及贸易投资便利化四大合作方向合力推动经贸合作的发展，其中税收扮演了重要的角色。税收是协调国与国之间贸易往来的杠杆，通过影响跨国企业的成本和利润，对跨国经营企业的绩效产生了直接影响。同时，税收关系到我国与各国贸易伙伴关系的建立和维护问题。

一、税收协定优惠政策

每个国家的税基、税率、税收政策都有很大差异，有些国家税率很高，税负重，有些国家税率较低，税负比较轻，如果两国进行经济往来，这对于低税率国家的纳税人是不公平的，同时也会打击低税率国家向高税率国家资本输出的积极性。由于税收存在收入效应和替代效应，高税率国家无法吸引投资、往来贸易，企业潜在的利润转移行为会导致国家损失税款，使全球经济失衡。

国际税收理论最早是由美国学者佩吉·马斯格雷夫于在 1963 年提出的，这一理论被称为传统国际税收理论。佩吉·马斯格雷夫从美国境外投资状况出发，阐述了境外所得最优税制和国际间避免双重征税问题。随着研究的发展，德赛和海因斯在 2003 年前后提出了现代国际税收理论。现代国际税收理论认为税收抵免制度并不是最优税制，免税才是最优税制。因为资本的流向是由跨境所有权的公开交易引发的，资本的走向决定了税制的优化方向。各国都对外国所得免税，可以实现资本所有权中性，从根本上解决双重征税问题。

由于所得产生来源与居民、居民身份确认、判定标准、收入来源地管辖权等冲突，跨国经营企业往往面临重复征税的风险。重复征税会给企业带来沉重的税收负担，对企业的盈利能力造成损害。不同国家的税率、税基水平不一样，跨国集团为了实现税负最小化从而选择将总部设立在低税率的国家，将利润从高税率国家转到低税率国家。针对企业可能存在的国际避税行为，德国权威税法学者 Klaus Vogel 提出的一般原则被各国所认同。Klaws Vogel 认为，税收协定中应设立国际反避税条款，并且应该依据一项交易的性质而不是形式，来判断它是否构成虚假交易。

税收协定在国际税收中的定义为“两个或多个国家为避免双重征税而签订的协议”。国家之间签署税收协定的目的是为了避免双重征税，防止偷税漏税，并通过开展多渠道的合作和协商仲裁来解决税收争议，以保障各国的纳税人权益，同时促进两国在经济、科技、文化、人文等多个领域的交流合作。国际税收协定有两种分类方式。按协定签订的主体进行分类，税收协定可以分为双边税收协定（两国之间签订的税收协定）和多边税收协定（多国之间签订的税收协定）。按协定调整的对象进行分类，税收协定可以分为综合税收协定和单项税收协定。

随着“一带一路”的发展，我国正逐渐重视区域经济合作。从2000年起，我国进一步加大税收协定覆盖率，与中亚、东盟诸国签署了税收协定，在倡导陆上丝绸之路的同时重视海上丝绸之路经济带的合作，和印度尼西亚、文莱以及西亚多国签署税收协定，以打通海上丝绸之路。同时，对部分签订时间较早的税收协定进行了修订，以更好地适应“一带一路”背景下的新环境。

通过与“一带一路”沿线国家签订税收协定，我国能从税务角度为企业提供一定程度的优惠和保护，如降低从被投资国取得的股息、利息、特许权使用费等征收所得税的税率，同时为企业在国外遇到的涉税纠纷提供及时有效的帮助。在“一带一路”背景下，中外税收协定不仅能够消除双重征税负担，更重要的是能帮助解决税务争端，并带动国内跨境贸易投资活动的积极性。

1. 总体签署情况

税收协定的签署通常取决于经济往来的频繁程度。根据国家税务局统计，截至2018年12月12日，我国已正式签署107个避免双重征税协定，其中100个协定已生效，与香港、澳门两个特别行政区签署了税收安排，与台湾签署了税收协议。

目前已有65个“一带一路”沿线国家参与了“一带一路”建设，从表3-3可以看到，其中有55个国家与中国签订了双边税收协定，这些签订国家主要位于东亚、南亚、西亚、中亚、中欧、东欧，大多数为发展中国家，还有一些是新兴经济体国家。“一带一路”沿线尚有10

个国家未与我国签订税收协定，分别是阿富汗、巴勒斯坦、波黑、不丹、黎巴嫩、马尔代夫、缅甸、也门、伊拉克、约旦。“一带一路”核心内涵是借助“丝绸之路”文化内涵打造的开放、包容的经济合作平台，我国政府没有对“一带一路”具体给出限定范围，随着“一带一路”建设的不断推进，经济合作的范围不断扩大，从广义上来说，参与“一带一路”建设的国家远远不止65个。

表3-3 我国与“一带一路”沿线国家税收协定签署情况

签署时间	国家个数（个）	国家
20世纪80年代至90年代中期	14	泰国、马来西亚、波兰、巴基斯坦、保加利亚、科威特、塞浦路斯、蒙古国、孟加拉国、印度、匈牙利、阿拉伯联合酋长国、以色列、斯洛文尼亚
20世纪90年代中后期	12	越南、乌克兰、立陶宛、白俄罗斯、亚美尼亚、乌兹别克斯坦、土耳其、拉脱维亚、马其顿、爱沙尼亚、埃及、老挝
2000年至今	29	菲律宾、克罗地亚、摩尔多瓦、阿曼、巴林、吉尔吉斯斯坦、哈萨克斯坦、伊朗、印度尼西亚、希腊、格鲁吉亚、斯里兰卡、斯洛伐克、阿塞拜疆、文莱、沙特阿拉伯、叙利亚、塔吉克斯坦、尼泊尔、阿尔巴尼亚、土库曼斯坦、捷克、塞尔维亚、黑山、俄罗斯、卡塔尔、罗马尼亚、新加坡、柬埔寨

“一带一路”沿线国家中第一个与我国签订税收协定的国家是马来西亚。1985年至今，我国与“一带一路”沿线国家签署税收协定的历史前后经过了30多年。陆上丝绸之路各国，除了中亚四国外，税收协定签署的时间普遍早于海上丝绸之路经济带各国。东南亚、欧洲各国税收协定的签署时间也早于中亚和西亚各国。中国与中亚、西亚和海上丝绸之路沿线国家的税收协定基本都是2000年之后签署的。从签订主体看，中国与“一带一路”沿线国家已签订的55个税收协定均属于双边税收协定。参与双边税收协定签订的缔约国仅有两个国家，目前国际上签署的大部分国际税收协定都属于双边税收协定。究其原因，国际税收协定签署的国家越多，需要调和的税收权利分配问题越复杂，

越不利于直接解决国际贸易矛盾。多边税收协定多出现于一些区域性国际组织，适合被用来解决由两个以上国家产生的共同税收问题。比较有代表性的是比利时、荷兰、卢森堡关税经济联盟签订的关于税收协定的多边税收协定。“一带一路”倡议旨在携手沿线国家共建区域经济一体化的共同繁荣格局，以多种形式开展区域内的经济合作。因此，在“一带一路”建设中引入多边税收协定符合各国共同的经济发展目标。

从调整对象来看，中国与“一带一路”沿线国家已签订的55个税收协定均属于综合税收协定。综合税收协定针对的是缔约国之间的各种税收关系，其调整范围相当广泛，具有全面性和综合性。与之相对的是单项税收协定，指的是国家之间针对某一特定税收问题或某一特定行业而签订的协定，如“海运协定”“航空运输协定”。中国在与“一带一路”沿线国家签订综合税收协定之外还与部分国家签订了单项税收条款，可在广义上将其划分为单项税收协定。例如，我国与马尔代夫、黎巴嫩签订的海运及空运协定中的税收条款，规定了互相抵免个人所得税或企业所得税。

2.“常设机构”的认定

税收协定的一般规定包括一般定义、居民与常设机构。一般定义包含国家名称、税收、人、公司、缔约国双方、国民、国际运输等非协定专用语的基本含义。居民和常设机构则是判断行使居民管辖权、来源地管辖权的关键定义。

税收协定中关于“常设机构”的认定直接决定了对非居民征税的管辖权划分，要求收入来源国对非居民纳税人在满足了常设机构条件后才能对跨国营业活动征收所得税。“常设机构”原则明确了征税权，一方面在避免双重征税的同时兼顾了居民国和来源国的权益，另一方面充分考虑到了来源国税收管理的可行性，使税收管理以常设机构为核心进行。我国与“一带一路”国家签订的协定中关于常设机构设定的区别主要体现在工程型常设机构以及劳务型常设机构的认定时间标准上，我国与55个国家签订的双边税收协定均做出了具体规定。

由表 3-4 可知，关于工程型常设机构的时间认定标准，以 12 个月最多，6 个月次之。认定时间标准不同意味着达到收入来源国认定的常设机构所需的时长不同，如果达到收入来源国的标准，该国会按照常设机构对跨国企业征收所得税。较长的时间标准更倾向于维护居民国的税收利益，较短的时间标准更倾向于维护收入来源国的税收利益。“一带一路”沿线国家大部分为发展中国家，我国在这一区域的投资经贸活动中扮演投资方即居民国的角色。因此，税收协定中工程型常设机构 12 月乃至更长时间的时间限制有利于我国作为居民国享有征税权。对于 6 个月以及 183 天等较短时间限制的协定而言，我国的“走出去”企业到相应国家进行跨国贸易投资要格外关注税收协定的规定标准。这是因为，是否达到该国认定的常设机构标准直接关系到我国企业的缴纳税款。

表 3-4　我国与“一带一路”沿线国家税收协定工程型常设机构判定标准

期限规定	国家个数（个）	国家
6 个月	15	马来西亚、新加坡、泰国、斯洛伐克、波兰、保加利亚、巴基斯坦、科威特、越南、菲律宾、孟加拉国、印度尼西亚、格鲁吉亚、沙特阿拉伯、文莱
183 天	3	印度、斯里兰卡、尼泊尔
9 个月	6	阿曼、阿尔巴尼亚、捷克、叙利亚、卡塔尔、柬埔寨
12 个月	26	罗马尼亚、匈牙利、斯洛文尼亚、以色列、土耳其、亚美尼亚、乌兹别克斯坦、塞尔维亚、黑山、老挝、埃及、摩尔多瓦、克罗地亚、马其顿、哈萨克斯坦、伊朗、巴林、吉尔吉斯斯坦、阿塞拜疆、塔吉克斯坦、土库曼斯坦、立陶宛、拉脱维亚、爱沙尼亚、塞浦路斯、希腊
18 个月	4	蒙古、乌克兰、俄罗斯、白俄罗斯
24 个月	1	阿拉伯联合酋长国

3. 所得税征税范围的规定

税收协定内容的重要组成部分是对所得的征税，这一部分主要针对各个类型的所得以及不同的人群获得的所得进行划分，对于居民国和所得来源国分别可以对哪些人征税、征多少税、征税上限是多少、税收管辖权如何划分等所得的征税做出了具体规定。我国与“一带一路”沿线国家签订的大多数双边税收协定都包含对不动产所得、营业利润、国际运输、联属企业、股息、利息、特许权使用费、财产收益、独立个人劳动、非独立个人劳动、董事费、艺术家和运动员、退休金、政府服务、教师和研究人员、学生和实习人员、其他所得 17 条规定。格鲁吉亚、白俄罗斯等 11 个国家在此基础上增加了“财产”这一条款规定。个别国家（如乌兹别克斯坦、阿塞拜疆等）没有“教师和研究人员”这项规定。总体来看，我国与“一带一路”沿线各国签订的税收协定的区别主要集中在对所得征税这一部分，但区别较小，仅局限于个别条款的增加或减少。

关于所得征税范围，中国与“一带一路”国家签订的税收协定绝大部分都采用归属原则。“营业利润”第一款规定，“如果该企业通过设立在缔约国另一方的常设机构进行营业，它的利润可以在该缔约国另一方征税，但应仅属于该常设机构的利润为限”。这体现的就是归属原则，即强调来源国仅对非居民纳税人通过设立在境内的常设机构获得的营业利润征税，对于不通过该常设机构营业活动取得的利润不征税。“营业利润”第二款体现的是常设机构独立企业原则。该原则规定，常设机构应被视为独立分设的企业，该常设机构可获得的利润应归到该常设机构范围内。由于常设机构是跨国企业设立在收入来源国的分支机构，其本身并不是独立的法人，在生产经营方面受到总机构的支配和控制。然而，收入来源国对常设机构的全部营业利润征税则意味着常设机构的利润必须单独计算盈亏。因此，将常设机构视为一个独立的纳税实体是有必要的，这正是第二款规定体现的独立企业原则。“营业利润”第三款具体规定了常设机构计算营业利润时的费用扣除问题。无论在哪个国家，在营业过程中发生的各项费用都是允许扣除的，包括行政费用、一般管理费用等。需要特别指出的是，税收协定通常规定，支付给总机构或其他办事处的特许权使用费、报酬等类似款项不得作为扣除项。“营业利润”第五款强调，常设机构为总机构进行采购活动而产生的利润不应该计入常设机构利润之中。这主要是考虑到采购活动不是一个完整的商业循环，采购的物品也是为总机构所用，而且采购的利润分配有一定的难度。因此，采购利润被排除在常设机构利润之外。

4. 投资所得的规定

在中国与“一带一路”沿线各国签订的税收协定中，股息、利息、特许权使用费通常作为三个独立的条款。这三类所得属于投资所得，具有一定的相似性，因此税收协定的规定也有一定的相同之处，具体体现在征税原则、投资所得与常设机构的关系和征税方法三个方面。对于这三类投资所得，各双边税收协定规定来源国和居民国都享有征税权，来源国对各投资所得拥有优先征税权，按各税收协定规定的限制税率进行征税，居民国对本国投资者享有抵免已交税款后的最终征税权。中国与“一带一路”沿线国家签订的税收协定所规定的限定税率有所区别，但均低于各国国内所得税率。同时，我国与“一带一路”沿线各国的税收协定均规定，如果跨国投资所得受益人在来源国拥有常设机构，且获得的投资所得与常设机构有关联，则该投资所得应并入常设机构的利润之中，按照“常设机构”和“营业利润”的相关规定予以征税。在“一带一路”的双边税收协定中，各国对投资所得普遍采用源泉扣缴方法，支付投资所得方为扣缴义务人。由于这种征税方法具有预收性质，限制税率因此也被称为预提税率。

限制税率是税收协定的股息、利息、特许权使用费条款中的一个重要内容。我国在修改税收协定时，通常要求在议定书中明确表明需要直接适用限制税率，这种方式能够有效缓解企业“走出去”的资金压力。限制税率通常为10%，有些国家的税率会低于10%，比如科威特、老挝、新加坡、以色列、阿拉伯联合酋长国、捷克、塔吉克斯坦7个国家利息预提所得税率低于10%，沙特阿拉伯、科威特等西亚国家约定股息预提税率为5%，《中俄协定》将特许权使用费预提税率由10%降到6%，格鲁吉亚适用5%的税率。这些低税率减轻了企业的税负，同时避免了重复征税。

（1）股息所得的税收优惠。中国与“一带一路”沿线不同国家签订的税收协定对股息的限定税率做出了不同规定，我国与巴林、蒙古、老挝、埃及、波兰、印度、哈萨克斯坦等国家的协定对符合要求的居民国股息受益人设定了统一的限定税率，来源国对其征税不得超过此上限。我国与俄罗斯、罗马尼亚、格鲁吉亚、乌克兰、新加坡、捷克、泰国、菲律宾、阿拉伯联合酋长国等国家的协定则针对居民国股息受益人设定了高投资标准，达到该标准的股息收益人适用于更低的限定税率，达不到该标准的股息受益人适用于相对较高的限定税率。

需要特别指出的是，我国与马来西亚签署的税收协定中关于股息限定税率的条款比较特殊，即我国居民从马来西亚取得的股息可以免予征税，而对马来西亚居民从我国取得的股息，我国可以对其征税，并且限定税率为 10%。这一特殊规定使我国企业对马来西亚的股权投资享受到更多的优惠，有利于我国企业在“走出去”的发展道路上更好地前进。

（2）利息所得的优惠。在中国与“一带一路”沿线国家签订的双边税收协定中，中国与俄罗斯对跨境利息所得的征税权安排较为特殊，即根据 2015 年中俄签订的双边税收条约议定书规定，中俄两国相互之间完全放弃作为来源地国对利息所得征收预提税的权利。除此之外，我国与“一带一路”沿线国家签订的绝大部分双边税收协定就利息预提税率做出了不高于 10% 的规定，以及在某些情况下特定主体的来源地免税待遇安排。这里的特定主体指的是缔约国一方政府及其行政机构或地方当局及其中央银行或者完全为其政府所有的，且在缔约国另一方提供资金的金融机构。免税规定具体的对象包括特定主体的直接融资、间接融资和贷款担保或保险的利息所得。其中，特定主体的间接融资的利息所得是指由该缔约国居民取得且由特定主体间接提供资金的利息所得。

关于利息所得的免税规定有一个特别的地方，即我国提出对于由政府全资拥有的金融机构贷款利息在来源国免税，该规定是我国独创的。利息免税能够全面提高金融机构的竞争力，这在很大程度上减少了企业的融资成本。在不少税收协定中，还会纳入政府金融机构担保或保险贷款利息的免税规定。

我国与阿拉伯联合酋长国、印度、哈萨克斯坦、蒙古国、波兰等国签订的税收协定规定特殊主体的间接融资利息所得免税。我国与塔吉克斯坦、爱沙尼亚、阿塞拜疆、立陶宛等国签订的税收协定规定特定主体担保或保险的贷款取得的利息免税。随着“一带一路”建设的推进，新近签订或修订的一些税收协定将特定主体由原来的“缔约国政府及其机构与完全国有的金融机构”扩大至“主要具有国有成分（所有权≥50%）的机构”，例如中国与柬埔寨签订的税收协定。此外，中国与巴基斯坦签订的中巴税收协定第三议定书中规定，中国工商银行和丝路基金被新增列举进“国家银行”的范围，但免税待遇被限定在针对《关于中巴经济走廊能源项目合作的协议》提及的能源项目提供贷款所产生的利息所得。

5. 税收饶让的规定

税收饶让抵免主要指缔约国另一方居民已经在国外获得了税收减免优惠，该居民优惠部分的所得税被视同已经缴纳所得税，给予其同等的税收抵免待遇，允许其用这部分被减免的外国税款抵免在本国应缴纳的税款。作为税收抵免制度的补充，税收饶让抵免使投资者能够真正感受到东道国税收优惠的便利，减少跨国投资者在东道国投资的赋税压力。在国际税收协定中，税收饶让的规定有以下两种：一种是缔约国双方给予相互饶让抵免；另一种是缔约国单方面给予抵免。我国纳税人从来源国取得的所得按照税收协定中规定的税率给予税收饶让，在一定程度上解决了国际重复征税的问题。

目前，在我国与“一带一路”沿线国家签署的协定中，规定适用税收饶让条款的国家有泰国、马来西亚、越南、文莱、印度、巴基斯坦、斯里兰卡、阿曼、科威特、斯洛伐克、保加利亚、塞尔维亚、马其顿、波黑、黑山、柬埔寨 16 国。给予我国单方税收饶让的国家有新加坡、阿拉伯联合酋长国、波兰、叙利亚、匈牙利 5 国。关于间接税负抵扣的规定中，与新加坡、马来西亚等国家签订的税收协定降低了我国居民持股比例要求，协议规定，只要中国居民持有该国企业 10% 以上的股份即可抵免该项股息所得负担的税费。我国与马来西亚、泰国、越南等国家签订的税收饶让条款还规定可抵免的境外税款应包括加入没有享受缔约国税收优惠等减免税政策而可能承担的税款。税收饶让是一项使企业真正享受到税收优惠政策的条款，有利于差别化鼓励政策的实施。

6. 其他规定

税收协定还在原则、程序、交流等方面做出了一些特别规定，主要包括无差别待遇、相互协商程序、情报交换等内容。

无差别待遇体现的是国际税收协定的非歧视平等原则。这一原则要求两国居民在国籍、常设机构认定、油费扣除标准等方面没有差别待遇。此外，在某个国家实行的扣除标准、优惠减免、负担税收等政策在其他协定国家也应同样适用。

相互协商程序是国际税收协定区别于其他国际条约的一项特殊条款。这一条款规定缔约国一方的跨国纳税人可以将相关案情提交至本国税务主管当局协商解决。主管当局认为合理的，可以依照税收协定条约与对方协约国税务主管当局协商解决。相互协商程序是解决税务纠纷的一个特殊办法，有利于充分保护协约国纳税人的利益，以协商化解纠纷。企业在跨境贸易和投资活动中容易面临双重征税问题，由于单个企业的力量有限，企业很难在跨国贸易中为自己争取权益。税收协定中的相互协商程序条款赋予了跨境纳税人申诉相关案情的权利，有助于维护跨境经营投资企业的权益。该条款明确规定缔约国居民可以将跨国贸易投资过程中受到的不符合协定要求的措施提交至本国主管税务机关，主管税务机关判定认为合理的，可以与缔约国另一方主管税务机关相互协商，共同解决税务纠纷。

情报交换是消除跨国偷漏税行为的重要辅助。这一规定要求对方国家应协助提供在双边税收协定或者协约国国内税法规定范围内所需要的情报，特别是防止偷漏税的情报。

二、服务“一带一路”的税收支持措施

2015 年 4 月 20 日，国家税务总局围绕“谈签协定维权益、改善

服务促发展、加强合作谋共赢”三个方面制定出台了服务“一带一路”发展战略的十项税收措施。其中，最核心的举措就是谈签税收协定，其目的是维护“走出去”企业在东道国的税收权益。谈签协定维权益涉及的主要是推进税收协定的谈签和落实工作，最能体现对国际税收协定的重视，具体包括以下两方面的工作：一是根据形势发展做好对已签订的税收协定的修订完善工作；二是加强涉税争议的双边磋商，充分发挥税收协定的作用，以避免跨国纳税人双重征税的问题。

另外，国家税务总局根据我国目前对外税收协定程序制定了相关具体实施办法，即《税收协定相互协商程序实施办法》(以下简称《办法》)。企业在“走出去”的过程中有时会遭遇东道国不公正的税收待遇，当企业在跨境经贸投资过程中面临居民身份认定、常设机构认定及所得税税率等方面争议时，可以依据《办法》规定向我国税务机关提出申请，保护自己的权益。《办法》的出台，切实保证了中外税收协定中相互协商程序能够更好地发挥功效。

为更好地服务“一带一路”建设，国家税务总局下发《关于进一步做好税收服务“一带一路”建设工作的通知》(税总发〔2017〕42号)，对相关税收服务与管理工作做出进一步补充。同时，国家税务总局官网发布了《国别投资税收指南》并定期更新，为对外直接投资企业提供投资参考。

我国地方税务部门还建立了针对“一带一路”的税收服务指导机制，为企业了解“一带一路”国家税收政策等方面提供帮助。例如，国家税务总局四川省税务局就依据已签订的税收协定，梳理了全省对外投资和承包工程最多的15个国家的税法，编印了《“走出去”企业税收专辑》，从税收政策、境外所得申报、税收抵免等方面提供全面专业的政策指引和法律支援。此外，多省税务局多次举办了“走出去”企业税收政策培训，对财务人员进行税法培训，并从境外母子公司利润转化、股利分红等方面多角度解读税收协定的具体规定。通过具体解读税法，不仅提高了财务人员的总体业务水平，还让企业享受到了应得的税收优惠。

三、其他税收协定

迄今为止，我国签订的多边税收条约共有三个，包括《多边税收征管互助公约》《金融账户涉税信息自动交换多边主管当局间协议》《实施税收协定相关措施以防止税基侵蚀和利润转移的多边公约》。其中，《多边税收征管互助公约》已生效，并于2017年1月1日开始执行。此外，我国已与巴哈马、英属维尔京群岛、百慕大三角、开曼群岛等10个国家（地区）签订了《税收情报交换协定》，这些国家（地区）多为国际公认的低税地区或避税地，与这些国家签订税收情报交换协定，有利于我国更为全面地掌握对外直接投资企业的境外涉税信息，对企业“走出去”的税收政策的制定提供参考。

第四节　本章小结

在日常经营中由于收入和支出、资产和负债的币种和期限的错配，企业开展对外贸易时很可能面临汇率风险（也可能是收益）。比如，一家企业对外签订了一笔以美元计价结算、三个月交货的出口合同，而企业为组织生产投入的人工、原材料等均用人民币支付，三个月后合同履行并收到货款，如果此时美元兑人民币即期汇率贬值，那么该企业就会因汇率风险使盈利减少。又如，一家企业借用美元贷款扩大生产规模，但销售收入都是人民币，当人民币兑美元出现贬值时，该企业也会因汇率风险而增加债务成本。

我国企业对外投资正在向更高阶段发展，面临的汇率风险更复杂、更急迫。在“走出去”初期，我国企业通常选择在境外设立窗口公司，主要从事双边贸易，汇率风险体现在人民币与当地货币之间。但现在，我国企业更多的是以并购或绿地投资的形式，实现当地生产、当地销售，或当地生产、向第三国销售。因此，汇率风险体现在不同外币之间。不管是哪种形式的汇率风险，境外投资企业在与中国母公司合并报表时，都会面临因会计制度不同而出现的折算风险。

我国企业“走出去”还面临着外汇管制风险，一个主要的原因就在于“一带一路”沿线国家多数是发展中国家，对外汇的需求比较大，而且一般对资本项外汇管制比较严厉，对正常贸易项的外汇管理也相对严格。比如，非洲的尼日利亚，由于石油市场的价格长期低位运行，尼日利亚央行对外汇的兑换实施了非常严格的控制，导致黑市汇率畸高，不管是贸易项下还是资本项下，尼日利亚严禁外汇流出。有的国家比如伊朗，由于受到国际制裁，美元结算被禁止，国外的金融机构基本绝迹。在伊朗，中国仅有一家昆仑银行从事业务，而且只能采用欧元进行结算。

同时，中国也存在外汇管制。由于中国对贸易项下的资金实施监管，特别是2016年中资企业疯狂海外并购后，导致国家面临外汇储备急剧下降危险，中国继而采取了严格的外汇流出管制措施。因此，跨国公司的正常海外并购所需要的外汇支付也面临一定困难。

不仅如此，“一带一路”沿线国家基本是第三世界国家或新兴经济体，对资金需求量大，资金有效供给不足导致资金成本偏高。比如，巴西的基准利率为14.5%，一般情况下巴西货币雷亚尔的贷款利率高达18%；伊朗的贷款利率更是高达20%。跨国公司要想综合评估在属地国持有的货币资产对公司整体经营收益的影响，必须权衡当地国家利率波动以及与中国的利率差异。

另外，在“一带一路”沿线国家中，一些国家税收制度变化频繁，如老挝、缅甸；一些国家的税制信息难以获取，如文莱、孟加拉国；还有一些国家的税制信息虽然可以掌握，但已经十分陈旧落后，加之翻译难度大，具有语言与税收双重优势的人才十分缺乏，使国家间税收信息交流受阻。在复杂的国际金融和国际税收背景下，对于“走出去”的企业来说，我国国家的金融支持和税收协定的签订必不可少。随着“一带一路”倡议的深入推进，中国企业向“一带一路”沿线国家的投资经营将越来越多。

通过本章对我国“一带一路”倡议相关优惠政策的归纳和整理，可以清楚地看到：在“一带一路”倡议实施过程中，我国金融机构提供了大量金融支持。无论是政策性贷款还是专项基金和债券，我国围绕“一带一路”倡议展开的金融措施有效地缓解了我国对外投资的资金短缺问题。与此同时，在过去几年时间里，我国国家税务总局积极争取与相关国家合作，共同推动开展中外税收协定的修订工作。2014 年和 2016 年，我国分别与俄罗斯和罗马尼亚针对此前签署的双边税收协定进行了修订。由此可见，我国正加快扫除“一带一路”倡议发展道路上的税收障碍，为跨境投资的中国企业提供更好的税收法律保障，帮助更多的中国企业“走出去”。双边税收协定的条款切实规范了跨国所得的征税问题，有效降低了两国跨境企业的实际税负，为我国“走出去”企业的海外投资和跨境经营带来了实实在在的税收优惠。对于中国“走出去”的企业来说，双重税务负担的消除减少了企业的税务支出，提升了经营能力，有利于吸引新的投资，激励企业更活跃地参与到“一带一路”建设中来，形成良性循环，加速“一带一路”相关国家的经贸往来和投资合作。

目前，我国的“一带一路”建设可以说已经做得相当好了，但同时我们也应该认识到“一带一路”的政策支持仍然存在不够完善的地方。例如，我国虽然已和大部分“一带一路”沿线国家签订双边税收协定，但税收饶让的应用率很低，半数以上的协定都规定不适用税收饶让。这意味着即使投资东道国给予我国对其直接投资的企业较低的企业所得税率或其他税收优惠，但按照我国的涉外税收规定，最终都要被我国补征税款，这会增加企业的海外税收负担，打击我国“走出去”企业对“一带一路”沿线国家进行直接投资的积极性。亚非拉国家是我国企业“走出去”的重点区域，但我国与非洲和拉丁美洲签订的税收协定只有 27 个左右，且谈签情况不一，有些协定签署较早，没有能够及时根据国际税制进行改革，已经出现失效的情况。另外，目前尚未形成体系化的金融架构，导致一些风险和挑战逐渐显现。

因此，未来这些政策应跟上发展步伐，进一步完善优化。对于未签订税收协定的“一带一路”沿线国家，我国政府要加大谈签力度，及时更新完善双边税收协定，以适应时代背景，并注重税收饶让条款的谈签，使我国企业在境外投资时享受更为优惠的抵免条件。对于金融体系建设，为了促进资金融通，支持“一带一路”倡议持续推进，中国应立足已有的成功经验和良好基础，构建体系化的“一带一路”金融合作框架。具体来说：一要积极利用多边和双边金融合作机制，促进“一带一路”沿线国家政府参与项目融资。中国参与的国际合作投资基金应继续发挥重要作用，通过中国—东盟投资合作基金、上合组织银行联合体、中俄投资基金等机制，将其他参与国的资金引入沿线项目。同时，还应与所有“一带一路”沿线国家签署“一带一路”融资保险协议，确定重点合作领域和重大合作项目的融资担保机制，以缓解中国负担过重的融资风险。二要继续以开发性金融为先导，鼓励中国政策性银行和丝路基金与“一带一路”沿线国家的开发性金融机构拓展合作。双方可积极探索境内外联动业务合作模式，以银团贷款、融资代理、共建投资平台等方式为“一带一路”沿线项目提供融资。同时，鼓励政策性银行开展金融创新，完善以信贷为主体，投资、租赁、资金、贸易金融、咨询等业务为补充的多元化业务体系，为“一带一路”建设提供更加多元化的融资支持。三要逐步推进双边商业金融机构的合作。允许中国和“一带一路”沿线国家的金融机构建立股权联系，取得战略合作关系。同时，鼓励“一带一路”沿线国家的金融机构进入中国开展业务，特别是为中资企业的境外项目提供融资服务。

第四章

中国上市公司多元化经营的指标测定与分析

第一节　中国上市公司多元化发展状况

“二战”之后，美国经济发展急剧膨胀，大公司实力不断扩大，全球性市场为跨国公司的扩张奠定了基础。1950年，《克莱顿法》的修订使横向兼并和纵向兼并的环境变得不利，新的反托拉斯条款更加严厉，混合兼并即跨行业兼并、多元产业发展成为主流，企业呈现多元化发展的趋势。然而自20世纪80年代以来，混合购并所占的比重急剧下降，并购开始转向与本行业有关的行业，多元化经营公司也纷纷将非核心产业剥离、出售，通过提高企业核心能力进行竞争。

日本和韩国的大型企业在发展过程中，大多采取了多元化经营和高负债的战略。由于韩国和日本经济的持续快速发展，一时间日韩企业的综合商社模式极受推崇，然而进入20世纪90年代后，日本经济停滞不前，韩国经济在东南亚金融危机中也矛盾频现，两国企业在国际市场上的竞争力大不如前，导致这种高度多元化的经营模式受到普遍质疑。

一、“一带一路”倡议之前的多元化情况

我国企业在计划经济时代里，一般不存在自己的经营战略。然而，随着经济体制由计划向市场过渡，企业必须考虑如何在竞争日趋激烈的市场中生存和发展，因此多元化经营成了许多大型企业的战略选择。上市公司的多元化战略有两种类型：一是行业多元化，又称非相关多元化，即经营者选择在与公司主营业务完全不相关或关联度很低的其他行业开展业务；二是业务多元化，即涉足与主营业务相关的多元化领域，如农业与林业，铁路运输与水上运输，钢铁冶炼与煤炭开采等。

“不要把鸡蛋放在同一个篮子里”，这条在资本市场几乎可以称作“黄金律”的投资组合理论，在企业的业务经营中也被广泛应用。在中

国的上市公司中，同时涉足几个不同竞争领域或产业部门的企业占绝大多数，只有少数几家公司专注于主营业务。在过去几年中，上市公司选择多元化呈现总体上升的趋势，有些企业还涉足了与主营业务关联度很低的领域或部门，引起了社会的极大反响，例如，武钢养猪事件，航天科工等非地产央企经营房地产等。

2008 年金融危机以后，中国企业家们普遍感到维持企业的可持续增长越来越难。这一方面由于全球化下的市场竞争日益加剧，盈利空间日渐减小，企业很难找到一项可以保持长期稳定增长的业务；另一方面由于全球经济的不确定性日益增大，外部环境的复杂多变让公司的业务周期或者大大缩短，或者变得难以预测。在这样的背景下，企业的理性选择是采取多元化战略，对经营的业务进行战略调整、重组，剥离增长乏力的“逆风”行业，借力新一轮经济周期的东风，通过兼并、收购或直接进入有增长空间的新业务，进行新的业务组合，以推动企业盈利和股东回报。

关于企业实施多元化战略的原因，主要有两个方面：一方面，众多企业主营业务的经营领域竞争者不断进入瓜分利润，竞争日益激烈，导致该产业利润增长潜力不足，此时，进入一个全新的领域往往可以给企业注入新鲜血液，促进企业转型升级，开辟新的利润空间。另一方面，根据投资组合理论，多元化可以通过扩大业务部门组合，分散企业经营风险，获取稳定盈利增长。这种观点的依据是不同业务的成长周期不同，一项处于成长周期的业务部门盈利可以抵消其他处于衰退或低迷业务的影响，减小单一业务部门的经营风险，从而使公司的总体盈利保持稳定。有人形象地把上述两种情况比喻为“避逆风”和“借东风”。但无论是“避逆风”还是“借东风”，其最终目的都是为了维持企业的盈利增长和股东回报。

二、“一带一路”倡议对企业多元化的影响

2013 年 9 月至 10 月，国家主席习近平在访问哈萨克斯坦和印度尼西亚时，先后提出共建“丝绸之路经济带”和“21 世纪海上丝绸之路”

（以下简称“一带一路”）的重大倡议。此后不久，中国政府将“一带一路”正式纳入国家发展议程，并有条不紊地施以顶层设计。同年 11 月，党的十八届三中全会通过的《中共中央关于全面深化改革若干重大问题的决定》明确指出，“建立开发性金融机构，加快同周边国家和区域基础设施互联互通建设，推进丝绸之路经济带、海上丝绸之路建设，形成全方位开放新格局”。

“一带一路”倡议为中国企业“走出去”创造了机遇。通过多元化的经营模式，企业可以跳出单一的经营环境，将来自产业、政策、文化等方面的影响降到最低，尤其是能够平抑单一行业周期性变化带来的经营风险，从而获得竞争优势。“一带一路”沿线大多为发展中国家，能源、交通、信息等基础设施较为薄弱。以电力为例，南亚、撒哈拉以南的非洲地区很多地方还没有电网，是全球缺电最严重的地区；俄罗斯、中亚、东欧等国家或地区电力设施老化问题突出，目前正在进行大规模的改造升级；西亚地区大力发展新能源，推进能源转型，减轻油气依赖，电力建设进入快速扩张期。相比较而言，我国在铁路、电网、大坝、桥梁等基础设施领域的建设能力居世界前列，建设水平世界领先，形成了完整的标准体系和质量体系。中国企业聚焦“一带一路”通道关键企业关键项目，聚焦公路、铁路，海上港口网络，正在身体力行地推动“一带一路”沿线互联互通的重大项目建设。“一带一路”建设进一步促进了公司的项目“走出去”，也更加提升了受众国对公司的接受度。

受市场和监管影响，2018 年中资海外并购交易宗数和金额继续下探，但“一带一路”沿线国家和地区的并购宗数却出现了 13.64% 的增长。目前，中国已与 123 个国家和 29 个国际组织签署 171 份合作文件，众多合作项目落地见效，促进各国融通发展。截至 2019 年 2 月底，中欧班列累计开行数量达到 1.4 万列，通达欧洲 15 个国家、50 个城市。特别是在中资海外并购项目数量整体下降的背景下，“一带一路”沿线并购交易量逆势增长。

2018 年，中国宏观经济环境相对平稳，成品油市场化改革继续前行，预计全年成品油需求同比增加 3% 左右。中长期来看，由于经济增速放缓、人口逐步达到峰值、天然气和新能源等替代能源不断增加等，中国成品油市场需求增长速度还将逐步放缓。《石油蓝皮书：中国石油产业发展报告（2018）》指出，在国内成品油市场需求增速放缓的背景下，“一带一路”倡议将帮助中国成品油出口渠道实现多元化。“一带一路”倡议为中国成品油出口渠道进一步多元化提供了契机。当前中国面向“一带一路”沿线国家的成品油出口呈增长态势，菲律宾、斯里兰卡和孟加拉国已成为出口增长新亮点。与此同时，中国拥有良好石油工业基础，在“一带一路”沿线国家成品油需求增速较快的背景下，双方投资合作空间广阔。

“一带一路”倡议促进了我国能源、交通、工程、电力等企业的多元化战略，促使中国企业走出国门，走向世界。

三、经济新常态对企业多元化的影响

随着我国经济的发展由传统的高资源投入、高污染转向新型的信息化与集约化生产，我国社会的整体发展环境有了较大变化。针对这种宏观环境的改变，我国政府及时提出了“经济新常态”的概念。习近平同志第一次提及“新常态”是在2014年5月考察河南的行程中。习近平同志指出：“中国发展仍处于重要战略机遇期，我们要增强信心，从当前中国经济发展的阶段性特征出发，适应新常态，保持战略上的平常心态。”在经济新常态的发展背景下，企业的传统发展模式受到了一定的挑战，对于很多企业而言，传统的单一业务发展模式已经无法为其发展提供持续的动力，在这种现实背景下，很多企业开始采用多元化的发展战略。

受我国经济转型发展与结构调整的双重影响，我国企业在传统单一方向发展的背景下，积极拓展企业的业务领域，多元化发展趋势日益普遍。商务部于2016年发布的我国100家大型国有企业和30家大型民营企业的多元化发展报告显示，当前我国主要大型企业走多元化发展道路的数量越来越多，从2011年的97家上升到2015年的126家，累计增长了29家，累计增长率为29.90%。从比例变化来看，在2011

年多业务领域企业数量占企业总数量的比重为 74.62%，而在 2015 年这一比例则上升到 96.92%。根据商务部发布的抽样调查，当前规模以上企业开展多元化经营的数量占到了总数的 75% 以上，这说明当前企业整体上是趋向于多元化发展的。

受到行业发展的影响，不同行业的企业在进行多元化发展时所采取的态度和力度也不一样。例如，有的企业为了保障其在传统领域发展中的优势，即使有实力发展其他业务，也放弃了走多元化发展的道路。有的企业则比较热衷于多元化发展,并且获得了较大的成功。例如，互联网巨头阿里巴巴，其主营业务是电子商务，但是目前，其在互联网金融领域也势头强劲。商务部官方网站数据显示，从事建筑行业的企业开展多元化经营的比例是最高的，每 100 家建筑行业类的企业就有超过 80 家属于多元化经营；其次是金融行业企业，而零售行业中开展多元化经营的企业则相对较少。

四、多元化发展战略存在的问题

（1）企业多元化发展战略的金融支持不足。资金支持不到位是影响企业实现多元化发展战略的主要制约因素之一。具体表现为：第一，多元化发展的直接资金支持不足。经济新常态背景下企业进行多元化发展需要有充足的资金作支持，如购买新的生产设备以及采用新的技术都需要有大量的资金支持来实现。第二，融资渠道窄。当前我国的金融体系还不完善，企业在多元化的转型发展中所能够使用的融资渠道较窄。第三，融资申请条件高。市场上的金融机构作为一个营利性组织，其开展相关的信贷活动的主要目的在于获得利润。因此，这些金融机构在向企业发放贷款时会将贷款的风险因素考虑进来，进而对申请贷款人进行筛选。对于企业而言，在向银行申请贷款时除了额度难以达到预期要求外，诸多限制条件也是影响其融资成功的主要因素。

（2）企业多元化发展战略的政府支持不足。推动我国企业的多元化发展，所涉及的内容十分复杂，这就要求各级政府要具备高效的经济发展协调能力。但我国政府在协调企业多元化发展的资金支持上存在增长比例不稳定、增长不协调的状况。第一，政府经济决策能力不高。在我国的乡镇中，受行政管理职能和政府工作人员素质的限制，一般没有完善的科学决策体系，更缺乏“智囊团”，因而政府的决策往往依赖于领导的意见，或者是少数管理者的管理经验。第二，很多地方政府仍然不愿意放手让企业独立自主地开展多元化经营，在很多方面还继续推行着政府包办的经济发展模式。在这种发展模式下，政府并未能真正调动起企业内在的经济发展潜力。

第二节　多元化指标的测量

在过去的几十年内，多元化研究一直是企业战略管理的重要分支。然而很多关于多元化的研究都没有一致的结论，如多元化战略和企业绩效之间的关系、高层管理者背景与公司多元化程度的关系等（Song，1982；Finkelstein，1992；Michel and Hambrick，1992）。结论的不一致除了和研究的方法、样本等有关系外，还和多元化的测量方法有关。

Venkatraman 和 Grant（1986）指出，大量的战略管理研究没有给予测量问题相应的重视。少数学者考察了赫芬达尔—赫希曼指数、熵指数等测量方法的信度收敛效度、判别效度等（Hall and StJohn，1994），但是很少有人考察这些测量方法的内容效度，或考察测量方法和概念之间的逻辑关系。由于测量方法和概念之间的逻辑往往很模糊，所以很多研究者简单地把旧的常用测量方法应用于新的研究问题，而没有意识到这会带来测量方法的效度问题，尤其是内容效度问题。

一般认为，现有的多元化测量方法可以大致分为两类：战略分类法和连续测量法。战略分类法是定性测量方法，即利用企业的产品组合、技术和市场相似程度衡量企业各项活动之间的相关性，对企业的多元化行为进行分类，衡量企业的多元化类型和程度。在该类方法中最有影响的代表是 Rumelt（1974）的战略分类法。连续测量法主要基于标准产业编码，在此基础上计算企业的多元化程度，从而以客观的数据反映企业的多元化程度。连续测量法主要有产品计数法、赫芬达尔—赫希曼指数法、熵指数法和中心指数法。战略分类法很多时候需要研究者主观的判断，并且在测量的过程中需要大量消耗研究者的时间和精力。因此，目前的研究大量采用连续测量法，特别是熵指数法。

一、产业组织理论观点下的多元化测量方法

早期的多元化研究对企业多元化的认识主要是基于产业组织理论的观点。例如 Gort（1962）根据企业产品所在的行业将多元化定义为“产出的异质性”；Ansoff（1965）对多元化的定义则强调企业的新产品进入新的市场；Bery（1975）认为，多元化表现在代表企业的业务所在行业数的增加；Hopkins（1982）将多元化定义为企业同时在不同业务单元经营的程度。在产业组织理论观点下，学者对多元化的认识更多是强调企业进入多个行业，并且进入多个行业对企业的影响在于其可以利用已有的市场力量。因此，这种理论背景下的测量方法仅仅考虑企业所处的各个行业，并基于 SC 体系，考察企业的业务部门在各个行业之间的分布，不考虑各个具体企业之间的差异以及企业的管理者对企业经营的影响。目前所常采用的各种多元化连续测量法都是从这一理论视角出发的。

1. 业务 / 产品计算法（Business/Product-Count ROA）

Gort（1962）根据企业产品所在的行业将多元化定义为“产出的异质性”，因此他最早提出根据企业异质市场增加数量考察企业多元化战略，并第一次以 SIC 为基础测量企业多元化程度。目前使用的业务计数法也是基于以上思想，只是增加了根据企业在 SIC 体系中分布的情况来判断企业各业务部门是否相关。目前的几种方法主要是使用了广义多元化（BSD）、狭义多元化（NSD）、平均狭义多元化（MNSD）三个测量指标（Woo，1971；Varadarajan and Ramanujam，1987）。它们分别测量企业两位数 SIC 行业数目、四位数 SIC 行业数目、企业四位数 SIC 行业数目与两位数 SIC 行业数目的比值。

2. 赫芬达尔—赫希曼指数（Herfindahl-Hischman Index，HHI）

Berry（1971）提出运用赫芬达尔—赫希曼指数来度量企业所处的各个行业的相对重要性。通常取各业务的销售收入比例，或者根据业务的资产比例来判断企业多元化的赫芬达尔—赫希曼指数，即：

$$\mathrm{HHI} = \sum_{i=1}^{n} P_i^2$$

其中，P_i 代表行业收入占总收入的比重。多元化程度越高，赫芬达尔—赫希曼指数就越低，当企业单一化经营时，该指数为 1。与经营单元数相比，该指数更精确地衡量了企业的多元化程度。例如，有两个企业同时在两个行业进行经营，其中一个企业在两个行业的收入比为 90∶10，另一个企业的收入比为 50∶50，以赫芬达尔—赫希曼指数衡量这两个企业的多元化程度，前者为 0.82，后者为 0.5，前者高于后者，即前者比后者更趋向于专业化。若仅以经营单元数来衡量企业的多元化程度则无法反映出这种差别。因此，赫芬达尔—赫希曼指数更准确地衡量了企业的多元化程度，而且该指数越小则公司的主营业务越不突出。

3. 熵指数法（Entropy Index，EI）

赫芬达尔—赫希曼指数反映了企业多元化的比重，但是不能反映各行业之间的关联程度，Jacquemin 和 Berry（1979）建议采用熵指数法来反映企业的多元化程度。熵指数计算时依赖以下三个指标：一是企业分布的不同行业相关程度；二是销售收入的分布情况；三是企业分布的行业数量。熵指数可以分解为相关多元化部分和不相关多元化部分。熵指数的表达式如下：

$$EI = \sum_{i=1}^{n} P_i \ln \frac{1}{P_i}$$

其中 P_i 为多元化公司在第 i 行业的销售收入占总销售收入的比例；$\ln\frac{1}{P_i}$ 为第 i 行业的权重值。多元化程度越高，熵指数就越高。当企业单一化经营时，该指数为 0。该指数和赫芬达尔—赫希曼指数一样能够更准确地衡量企业的多元化程度。但熵指数与赫芬达尔—赫希曼指数恰好相反，该指数越大公司主业越不突出。

二、资源为基础观点下的多元化测量方法

目前对多元化的认识更多的是基于资源为基础或知识为基础的理论，如企业各业务部门之间共享设备、厂房等带来的物质资源方面的共享，以及技术、知识等方面的协同降低企业成本，从而增加企业价值。根据资源为基础的逻辑，多业务单元的企业能否取得好的绩效，取决于各个业务单元之间是否共享战略性资产。如果没有共享企业特有的战略性资产，企业的经营绩效甚至不如各个业务单元的单独经营之和（Teece，1984）。各个业务单元之间共享某一重要资源，如技术、人力资源，带来的范围经济既是企业价值的重要来源，也是企业进行多元化的动机之一。因此，资源为基础观点下的“多元化”强调各个业务单元组合受一些共享的资源或能力所限制。基于这种观点的多元化研究，其测量方法应该反映这种“相关性”（Robins and Wiersema，2003）。目前为止，基于资源为基础的多元化测量方法，都是从企业各业务单元之间战略资源的相互关联的角度来测量多元化（Farjoun，1998；Robins and Wiersema，1995）。

1. 战略分类法

Rumelt（1974）的战略分类法主要关注个体企业以及其多元化的独特结构。在他的分类中一个重要的概念是业务领域（Business Area）。业务领域是根据企业的营销、配送、研发、技术、生产或者这些因素的组合而定义的。在业务领域内，各个业务共享营销、配送、研发、技术、生产等能力。Rumelt 根据企业的历史和基于技术、产品、市场的业务单元之间的结构对企业的多元化战略进行分类。他对多元化

战略分类有两个重要维度：一个是企业的专业化程度（Specialization Ratio），一个独立的业务领域占企业总销售的百分比。另一个是业务领域的关联结构，即根据企业的业务领域内各业务单元之间关系的结构进行区分，并且这种区分和企业的历史相关。按照这种区分，可以分为相关关联/主导关联（Related/Dominant Linked）和相关限制/主导限制（Related/Dominant Constrained）。根据上述两个维度，Rumelt将多元化战略划分为四大类、九小类。

2. 基于技能相关性的方法

Farjoun（1998）认为，物质相关性（Physical Relatedness）和技能相关性（Skill Relatedness）是企业业务最基本和最重要的两种相关性。传统的SIC体系反映了各个行业在原材料和产品市场关联等方面的相似性，可以用来计算不同行业业务之间的物质相关性，但是无法反映业务之间的技能相关性。每个行业的不同特征在于不同的人力技能的种类和需求程度，拥有相似技能分布的行业是相关联的行业。根据每个行业的人力技能需求特征的测量，Farjoun将三位数行业进行重新分组。其测量的基础是美国劳动统计部门的雇佣职业调查数据，通过计算每个行业对38种职业的人力资源需求分布，将属于20个两位数行业的90个三位数行业聚类为八组。分组后，属于同一组的三位数行业是技能相关行业，属于不同组的三位数行业为技能不相关行业。之后，可以重新计算基于技能相关性的赫芬达尔—赫希曼指数和熵指数。随着理论的发展，对多元化的概念有着不同的认识。从最初的关注“企业进入行业的多少、各个业务部门的大小”到由“相关性”带来的协同和共享，以及高层管理者个人认知对各业务单元之间关联关系的认识，不同的人对于多元化的认知，其所包含的内容是不样的。因此各种相应的多元化的定义应该能够反映其内容的测量方法，而上述的各项测量方法都有其对应的多元化内涵。

另外，研究多元化问题时，不同的多元化内涵对应不同的理论逻辑。当多元化定义为“企业进入多个行业”时，对多元化的认识是从“产业组织”理论角度考察；当强调各个业务单元之间“共享和协同”战略资源和能力时，是从资源为基础、知识为基础的角度来分析多元化问题。不同的多元化测量方法所对应的研究层面也是不同的。因此，在研究多元化战略与企业绩效之间的关系时，从资源共享，特别是技术共享带来范围经济的视角进行研究时应该采用与之相对应的方法，如 Rumelt（1974）的战略分类法、Robins 和 Wiersema（1995）的技术流法以及 Farjoun（1998）的技能相关性法。

第三节　中国上市公司多元化经营的统计分析

本节根据沪深两市 A 股上市公司的分行业、分产品、分地区的经营数据，以 2014~2018 年为观察期，对我国上市公司多元化的现状进行了分析。

世界各大公司行业多元化的发展历程艰辛且饱受非议，其主要原因在于虽然行业多元化经营不乏成功的案例，但很多公司由于行业多元化经营不善，而陷入了多元化的“泥沼”之中。但值得关注的是，尽管行业多元化备受争议，但根据 2006 年《财富》杂志的统计，在世界 500 强企业中有 80% 的企业实施了多元化。据笔者统计，2014~2018 年中国 A 股上市公司行业多元化率平均达到了 77.54%。图 4-1 为 2014~2018 年中国 A 股上市公司行业多元化的趋势。可见，A 股上市公司的行业多元的趋势是增加的，从 2014 年的 61.85% 增加到了 2018 年的 81.09%。

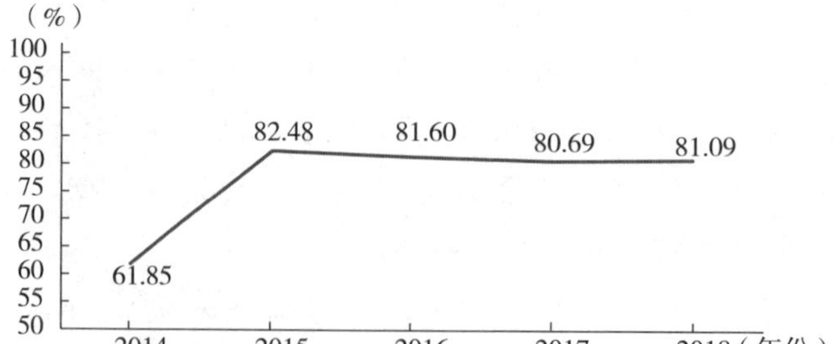

图 4-1　2014~2018 年中国 A 股上市公司行业多元化趋势

据统计，目前一个 A 股上市公司从事的行业数最多达到了 20 种。A 股上市公司行业多元化经营状况见表 4–1。

表 4–1　A 股上市公司行业多元化经营状况

单位：家

从事行业数	2014 年	2015 年	2016 年	2017 年	2018 年	公司合计	在多元化公司中所占比例
1	1004	380	431	488	490	2793	—
2	590	646	686	742	768	3432	36.25%
3	398	425	487	519	561	2390	25.24%
4	279	305	314	341	349	1588	16.77%
≥ 5	361	413	424	437	423	2058	21.74%
合计	2632	2169	2342	2527	2591	12261	—
多元化公司比例	61.85%	82.48%	81.60%	80.69%	81.09%	—	—

由表 4–1 可知，目前我国上市公司中有超过 80% 的公司属于多元化经营，从趋势上看，多元化经营的公司数目在持续增加，比例在 2015 年后基本稳定。跨 2~3 个行业的多元化公司占全部多元化公司的 61.49%。跨 2 个行业经营的公司在多元化经营的公司中比例最高，占全部多元化公司的 36.25%；跨 3 个行业和 4 个行业的比例有所下降，分别为 25.24% 和 16.77%；在 5 个行业及以上的公司较多，占全部多元化公司的 21.74%。

由表 4–2 可知，我国上市公司多元化水平趋于稳定，赫芬达尔—赫希曼指数为 1 的企业占比为 22.95%。赫芬达尔—赫希曼指数集中在 0.4~0.6；由表 4–3 可知，熵指数为 0 的企业占比为 22.84%，大致与赫芬达尔—赫希曼指数为 1 的企业占比相同。可见，在两种不同的测量方法下，中国 A 股上市公司的多元化水平一致。

表 4-2 2014~2018 年 A 股上市公司多元化经营赫芬达尔—赫希曼指数（HHI）

单位：家

HHI	2014 年	2015 年	2016 年	2017 年	2018 年	公司合计	占 比
0~0.1	5	6	5	5	6	27	0.22%
0.1~0.2	23	29	24	20	17	113	0.93%
0.2~0.3	119	114	126	109	109	577	4.74%
0.3~0.4	163	197	191	223	234	1008	8.28%
0.4~0.5	227	263	270	285	294	1339	11.00%
0.5~0.6	250	251	278	331	346	1456	11.96%
0.6~0.7	159	187	199	232	226	1003	8.24%
0.7~0.8	167	207	220	219	251	1064	8.74%
0.8~0.9	234	202	239	247	253	1175	9.66%
0.9~1	259	315	345	349	346	1614	13.26%
1	1004	380	431	488	490	2793	22.95%
合计	2610	2151	2328	2508	2572	12169	100%

表 4-3 2014~2018 年 A 股上市公司多元化经营熵指数（EI）

单位：家

EI	2014 年	2015 年	2016 年	2017 年	2018 年	公司合计	占 比
0	1004	380	431	488	490	2793	22.84%
0~0.1	158	169	545	539	563	1974	16.14%
0.1~0.2	148	154	349	389	389	1429	11.68%
0.2~0.3	122	144	449	485	504	1704	13.93%
0.3~0.4	127	102	545	600	616	1990	16.27%
0.4~0.5	123	147	11	13	18	312	2.55%
0.5~0.6	108	158	4	3	2	275	2.25%
0.6~0.7	213	210	1	1	2	427	3.49%
0.7~0.8	86	104	—	1	—	191	1.56%
0.8~0.9	111	100	—	—	—	211	1.73%

续表

EI	2014 年	2015 年	2016 年	2017 年	2018 年	公司合计	占　比
0.9~1	84	91	—	—	—	175	1.43%
≥ 1	344	406	—	—	—	750	6.13%
合计	2628	2165	2335	2519	2584	12231	100%

第四节　本章小结

本章具体研究了三个问题：中国企业多元化经营的发展进程、多元化的度量与中国企业多元化经营的现状。

中国多元化发展的规律可以总结为两条：第一，中国企业的多元化程度与企业投资发展的机会紧密相关，这种发展机会既来自市场机会，又来自经济体制改革所释放的投资空间和政策机遇。第二，中国资本市场的发育对于中国企业的多元化经营起到了推波助澜的作用，但由于中国资本市场的不完善性和滞后性，中国企业通过多元化经营以建立企业内部的资本市场。

关于多元化指标的测量目前主要以连续测量为主。美国国家经济研究局的 Gort 等（1962）率先运用计量研究方法对企业多元化经营展开系统性研究，应用主要产品集中度指标（Primary Product Specialization Ratio）来测量多元化经营的程度，由此奠定了连续测量法的基础。后来的学者们在此基础上进一步应用赫芬达尔—赫希曼指数、熵指数、同心指数等连续性指标，使多元化研究的度量指标更加精确、完善和客观，并且可以重复检验。连续测量法在研究企业多元化程度方面得到了广泛的应用，逐渐成为国际性规范。

目前中国 A 股上市公司进行多元化的趋势较为稳定，经过测量中国 A 股上市公司大约有 80% 的企业在进行多元化经营，多元化经营涉及的行业数也明显增加。

第五章

“一带一路”倡议对中国上市公司投资战略的影响

第一节 “一带一路”倡议对中国上市公司投资活动的影响

自2013年“一带一路”倡议提出后，2018年中国与“一带一路”沿线国家进出口总额达到64691.9亿美元，新签对外承包工程合同总额超过5000亿美元，对外直接投资超过800亿美元，建设境外经贸合作区共82个。金融合作方面，“一带一路”成员在亚投行中超过六成，人民币跨境支付系统覆盖40个“一带一路”国家的165家银行。我国出资400亿美元成立的丝路基金，2017年获得增资1000亿元人民币，签约项目为19个。“一带一路”倡议为国际合作和各个国家的发展创造了重要机遇，在发展政策的对接、双边协议的签订、基础设施的投资、经贸合作区和产业园区的建立以及海上合作、商业联系及金融、贸易合作等方面取得了一定进展，从而为我国经济增长带来新动力。企业作为向外部市场“走出去”的主要对外投资主体，“一带一路”为我国上市公司创建了良好的政策环境，提供了一系列的政策优惠，2017年商务部发布的数据中，在中国境外直接投资企业中股份有限公司占10.9%。“一带一路”倡导“五通”发展，其中贸易畅通是共建“一带一路”，促进各国建立贸易合作往来关系，推动区域发展的重要内容。对于上市公司而言，贸易畅通有利于推动“一带一路”沿线国家和地区贸易投资的自由化和便利化，能够有效降低上市公司对外投资的交易成本和运营成本。我国已经与东盟、新加坡、巴基斯坦、格鲁吉亚等多个国家和地区签署了自由贸易协定，逐步形成自由贸易区网络体系，自由贸易便利化使各国贸易之间的往来增加，并且在贸易方式中不断注入创新的活力，跨境电子商务模式成为贸易畅通的新生驱动力。2018年，根据中国海关的统计，我国跨境电子商务管理零售平台的进出口商品总额达到203亿美元，同比增长50%，其中出口额为84.8亿美元，同比增长67%。同时，“丝路电商”合作蓬勃兴起，我国已经与

17 个国家建立了电子商务合作机制，促使电商企业在海外建立采供和物流中心。电商企业通过大数据平台能够收集海外客户的购物偏好数据，对企业进一步制定海外战略、拓展消费市场具有重大影响。

上市公司进行对外投资时，资金困难是其面临的重大问题，资金融通作为“一带一路”倡议的重要支撑，能够通过政府的资金支持、金融机构提供的便利服务等有效缓解上市公司对外投资时所面临的融资困境。中国银行在“一带一路”倡议提出后，累计跟进超过 600 个“一带一路”沿线项目，提供的信贷支持累计超过 1300 亿美元；同时大力发展外汇资金服务，开发了 13 个“一带一路”沿线国家的远期外汇资金产品，并且从首创发行的“一带一路”主体债券中，募集资金达到 140 多亿美元。中国证监会鼓励企业充分利用境内、境外两个市场筹集资金投资“一带一路”建设。2016 年以来，中国证监会共批准 62 家“一带一路”相关企业完成首次公开募股（Initial Public Offering，IPO），募集资金 588.84 亿元；90 家企业完成再融资，募集资金 4062.16 亿元；核准中国铁建、中国中车等企业以增发 H 股普通股和发行可转债等方式成功实现境外再融资，有力支持了企业参与“一带一路”建设。此外，在前期“熊猫债”试点基础上，上海证券交易所和深圳证券交易所于 2018 年 3 月发布《关于开展“一带一路”债券试点的通知》，支持“一带一路”沿线国家地区政府类机构、企业及金融机构在交易所发行政府债券或公司债券，募集资金用于“一带一路”建设，目前已发行 15 单共计 239.5 亿元“一带一路”债券。资金融通对于上市公司对外投资项目的资金投入、项目的实施及项目的可持续发展具有非常重大的意义，能够削弱上市公司海外投资中的融资约束，推动上市公司开展对外投资活动。

一、“一带一路”倡议对中国上市公司投资方式的影响

1. 跨国并购规模不断增加

我国上市公司早期开展海外投资业务时，多数倾向于承包施工和

土建项目，以承包商的角色完全承担对外投资中的风险。在该投资方式下，前期投入成本高，投资建设时间长，投资过程中面临很高的不确定性。近年来，中国上市公司的经营能力、投资技术和风险应对能力逐步提高，上市公司的投资方式表现出多样性，其中跨国并购成为上市公司开展跨国投资业务、进入国际市场的首选方式。在稳步推进对“一带一路”国家和地区投资的过程中，跨国并购的规模持续扩大。跨国并购有助于中国上市公司获得目标公司的先进技术和无形资产，推动我国上市公司积极创新和产业升级；当上市公司采用多元化的投资战略时，跨领域投资利于上市公司优化业务组合，不断调整投资战略，分散投资风险。蒋冠宏和蒋殿春（2017）认为，跨国并购是收购国外已经存在的企业，主要是基于资源整合和优势互补的目的来获得目标企业，结合目标企业已有的先进技术，快速融入当地市场，扩大市场份额。李善民和李昶（2013）从实物期权理论的角度，探究跨国并购和绿地投资这两种对外投资模式的选择，研究表明全球范围内的跨国并购能够有效地整合并购双方的优势资源，优化母国公司的产业结构，有利于产业转型。

近年来，中国对“一带一路”沿线企业的并购稳步上升，并购主体主要是我国的国企和上市公司。据2017年“一带一路”并购项目的统计数据反映，中国企业发起的并购项目共有76起，并购投资金额高达162.8亿美元，相比于2016年的并购交易规模，增长幅度为145%，占中国企业全球并购投资总额的13.6%。其中，印度尼西亚、新加坡、印度、以色列、俄罗斯和阿拉伯联合酋长国等国家对我国企业的并购投资活动具有很大的吸引力，中国企业对这些国家的并购金额总计超过10亿美元。深圳证券交易所2017年对深市上市公司的统计显示，深市约54家上市公司对“一带一路”沿线国家发起并购，其中约26家企业在“一带一路”沿线各国设立了生产基地和研发中心，发起海外并购的上市公司主要从事电器制造业、金属制造业、纺织业等行业，上市公司发起海外并购的主要目的是向海外寻求技术、资源（矿产、农业、人力），以及寻求产品在当地的销售市场，扩大产品市场份额，提高国际影响力。

统计数据还显示，中小板上市公司也积极地在“一带一路”国家和地区开展并购重组活动，形成资本输出，实现产业布局，提升企业的经营业绩。2013 年以来，有 5 家中小板公司在“一带一路”沿线国家和地区进行重大资产收购，合计交易金额 84.65 亿元。例如主营业务为集成电路封装和测试的通富微电，2016 年以 14.37 亿元完成了对马来西亚旗下全资子公司 AMD 槟城 85% 股权的收购。收购完成后，通富微电承接了原有全部先进封装技术，具备了对高端 CPU、GPU、APU 等芯片进行封装和测试的技术实力，不仅成功吸收了 AMD 原有客户，还新增了其他优质客户。2016 年，AMD 槟城实现营业收入 10.93 亿元，占公司 2016 年度营业收入的 24%。又如东诚药业，其主营业务为肝素钠原料药、硫酸软骨素的研发、生产和销售。2016 年，东城药业收购了泰国中泰生物 70% 的股权，并依托当地原材料资源优势和成本优势，进一步巩固了其在硫酸软骨素领域全球第一的市场地位。

2. 战略联盟模式的新型探索

“一带一路”倡议的目标是实现各国的共同发展，构建人类命运共同体，充分贯彻“共建、共商、共享”原则。上市公司作为“一带一路”倡议的重要投资主体，在对外投资过程中，积极探索企间达成国际合作的战略联盟新模式。战略联盟是指两家或两家以上的企业通过持股关系或者建立契约的方式展开合作，战略联盟不同于并购，要求各国企业在战略联盟过程中投入双方的资源，进行管理和运营，各企业将取得的联盟成果进行分配。战略联盟的新模式更加契合“一带一路”倡议在企业层面上实现共同发展的美好愿景。

中国上市公司与“一带一路”沿线国家和地区建立的战略联盟模式有两种，分别是交叉持股和与第三方市场的合作。其中，交叉持股的投资战略能够使合作双方拥有较为平等的投资地位，双方在共商过程中构建出“你中有我，我中有你”的企业命运用体。中国上市公司与东道国企业以交叉持股形式建立的该类中外合资企业能够在价值链环节中联合从事生产、制造、研发和营销等活动，并且双方互派董事，参与公司治理环节，提高战略联盟的投资效率。在“一带一路”建设中，上市公司通过交叉持股式建立的中外合资企业出现的一种特殊类型是

“双胞胎”企业，其特征是中外投资者分别在中国和外国投资者所在国同时成立两家合资企业，中外投资者出资比例相同，建立的两家合资企业拥有相同的核心业务。这种特殊的交叉持股投资战略使中国上市公司能够将对外投资中的“走出去”和“引进来”有机结合，这一合作模式更加贴合“一带一路”倡议的理念。

三一重工股份有限公司（以下简称“三一重工”）全资子公司三一汽车起重机械有限公司，与奥地利帕尔菲格集团（以下简称“帕尔菲格”）全资子公司帕尔菲格亚太于2012年2月18日签订协议，分别在中国成立三一帕尔菲格特种车辆装备有限公司，在匈牙利成立帕尔菲格三一汽车起重机国际销售公司，双方共同出资，各自持有50%的股份。其中，三一帕尔菲格特种车辆装备有限公司总部设立在中国长沙，主要是针对特种车辆装备在中国和全球市场中的生产、研发和销售；帕尔菲格三一汽车起重机国际销售公司总部设立在奥地利萨尔茨堡，负责向欧洲、美洲及独联体国家分销三一轮式起重机。双方之间的投资战略联盟，取得了一定成效，两家合资公司的经营状况良好。在经过1年后的深度合作之后，双方于2013年再次进行深度合作。三一重工司和帕尔菲格于2013年9月3日签署进一步拓展双方战略合作关系的备忘录，之后三一重工通过直接认购帕尔菲格5%的股份，以及通过另一家全资子公司认购帕尔菲格集团5%的股份，最终间接或者直接持有帕尔菲格10%的股份，累计3726516股，总投资额约为1.08亿欧元。同时，帕尔菲格通过其全资子公司增资的方式向三一起重机械有限公司投资约1.10亿欧元，增资完成后，三一起重机械有限公司和帕尔菲格各自交叉持股10%。三一重工主要从事工程机械的研发、制造和销售，产品包括建筑机械和起重机械等，被认定为中国机械行业的权威企业。帕尔菲格成立于1932年，专门从事随车起重机的制造业务，是行业内最佳的制造商之一，强调创新和产品的质量，作为装卸设备的提供商，其在全球享有盛誉，帕尔菲格主导的卡车折臂起重机产品占整个市场份额的30%。三一重工与帕尔菲格的战略伙伴关系，不仅说明我国三一重工的产品和技术能够得到国际认可，而且两家公司的交叉持股投资关系及合资子公司的成立具有协同效应，有利于创造价值链，推动产业链和销售渠道的整合，提高双方的技术创能力、国际运营管理水平和品牌的国际影响力。同时，三一重工与帕尔菲格的密切合作将有助于其自身的国际投资化战略布局。相较于单向的持股投资战略，这种交叉持股方式能够为双方建立较为平等的投资地位，提高投资效率，巩固投资战略伙伴关系。2016 年，三一重工实现国际销售收入 92.86 亿元，在此基础上，海外各大区域经营质量持续提升，印度、欧洲、南非、中东等区域实现快速增长，而以上区域与“一带一路”路线图高度契合。

第三方市场合作是指中国与发达国家建立战略联盟关系，双方作为战略伙伴开发第三方市场，其中企业发挥主体作用。第三方市场主要是指“一带一路”沿线一些发展中国家的市场，一般具有丰富的资源和低成本优势。但是，第三方市场国家的法律、经济、劳工契约等往往有很大的差异，因此我国企业在进入第三方市场时会面临较高的准入门槛。这种战略联盟的创新形式，一方面，能够依靠发达国家企业先进的国际合作经验，尤其是发达国家的企业在进入该发展中国家市场时积累的投资经验和组织文化的积累，从而弥补中国上市公司在进入第三方市场时的劣势；另一方面，中国企业通过与发达国家的企业达成战略联盟伙伴协议，可以发挥中国上市公司的优势，尤其是制造业公司在产品制造方面拥有的较高水平，将我国中高端的生产线和装备制造水平同发达国家核心技术优势相结合，共同开拓第三方市场，向第三方市场提供服务和产品，提高交易规模。

中国已经与法国、德国、日本、韩国、西班牙、荷兰、比利时、加拿大等多个国家签署了第三方市场合作协议，合作项目聚焦于能源、环保、金融和基础设施建设等优势互补的领域，并且与相关国家共同设立第三方市场合作基金，其中丝路基金和欧洲开发银行建立的第三方合作基金对于第三方合作战略模式的影响非常大。中国、投资所在国和发达经济体及其他经济体企业之间的第三方市场合作模式，支持企业通过多种方式，包括联合投标、共同投资等，开拓新的市场等，实现优势互补，多方共赢。

2016 年，中国中车股份有限公司（以下简称中国中车）与德国西门子股份有限公司（以下简称西门子）达成与第三方合作协议，双方在高铁领域开展联盟活动。2018 年 6 月，中国中车子公司中车株洲电机公司（以下简称中车株洲电机）与西门子歌美飒可再生能源公司（以下简称西门子歌美飒）达成合作，签订 DD37 永磁直驱风力发电机分瓣式定子样机订单。西门子歌美飒作为全球风电产业中的巨头公司，自身实力雄厚，拥有先进的技术和生产管理能力。中车株洲电机成为西门子歌美飒的供应商，签订采购协议之后，便能够以此合作项目为契机，探索投资更多项目的可能性。同西门子歌美飒建立进一步的深层次以及多元化的合作，有利于提高中车株洲电机在全球高端风电市场中的知名度，由此也能推动其母公司中国中车在国际市场上树立良好的企业品牌形象，提高可持续性盈利能力，在绿色环保和能源领域实现更大的突破。

二、“一带一路”倡议对上市公司投资行业的影响

“一带一路”倡议初期，基础设施建设是首要解决的问题，因此参与对外投资的上市公司主要为基建企业、能源企业和原材料企业。随着“一带一路”建设的逐步发展，基建类企业的业务金额比重有下降趋势，而贸易、金融、互联网、文化、教育和旅游等行业在对外投资业务中的比重呈现上升趋势，传统产业和高端产业在“一带一路”国际合作方面表现出并举发展趋势，上市公司参与“一带一路”共建的行业越来越多元化。根据 2017 年中国商务部统计数据，2017 年中国公司对“一带一路”相关国家投资行业日趋多元化分布，在制造业、租赁和商务服务业、批发零售业、采矿业、电力热力供应、建筑业和农林牧渔等多个行业均有投资业务。由图 5-1 可知，2017 年中国对东盟投资存量的行业分布情况看，租赁和商务服务业为 174.83 亿美元，占 19.6%，是中国对东盟投资存量最大的行业，主要投向新加坡（156.37 亿美元，占比近九成）；制造业 155.69 亿美元，占 17.5%，主要分布在印度尼西亚、泰国、越南、马来西亚、新加坡；批发和零售业 118.77 亿美元，占 13.3%，主要分布在新加坡、印度尼西亚、泰国、越南、马

来西亚等；采矿业 103.20 亿美元，占 11.6%，主要分布在新加坡、印度尼西亚、缅甸、老挝、越南、泰国等；电力、热力、燃气及水的生产供应业 96.19 亿美元，占 10.8%，主要分布在缅甸、新加坡、老挝、印度尼西亚、柬埔寨，投资额均超过 10 亿美元；建筑业 65.6 亿美元，占 7.4%，主要分布在新加坡、马来西亚、柬埔寨、印度尼西亚等；金融业 52.4 亿美元，占 5.9%，主要分布在新加坡、泰国、印度尼西亚、马来西亚等；农林牧渔业 45.32 亿美元，占 5.1%，主要分布在新加坡、老挝、柬埔寨、印度尼西亚等；交通运输、仓储和邮政业 25.04 亿美元，占 2.8%，主要分布在新加坡、老挝等；房地产业占 2.5%，主要分布在马来西亚、新加坡、老挝等；信息传输、软件和信息服务业占 1.1%；科学研究和技术服务业占 1%。

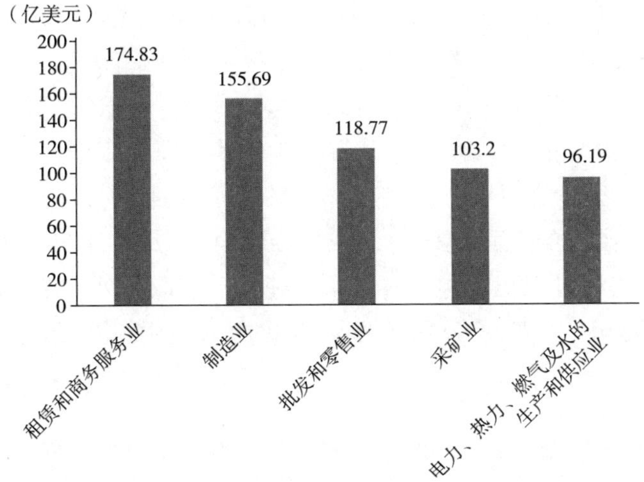

图 5-1　2017 年中国对东盟直接投资存量行业分布

资料来源：《2017 年度中国对外直接投资统计公报》。

截至 2016 年 12 月 31 日，深圳证券交易所对深市公司的统计数据显示，在深市 1870 家上市公司中大约有 248 家公司以直接或者间接投资的形式参与“一带一路”建设，其中主板约 67 家，中小企业板 155 家，创业板约 60 家。上市公司主要通过产品的出口、工程基建、出资设立制造基地或者研发中心的方式，对“一带一路”沿线国家实施投资活动，其中产品的出口规模900亿元人民币，工程建设规模约1500亿元人民币，设立制造基地约70个，收购资产60家次，合作地区的范围不断扩大，主要是东南亚地区、欧洲地区和中亚地区，俄罗斯和非洲也积极地参与合作项目之中。涉及的投资行业遍布45个中类行业，其中较为集中的是计算机、通信和其他电子设备制造业、专用设备制造业、电器机械及器材制造业、化学原料及化学制造业、通用设备制造也、汽车制造业，合计约为163家，占比达到57%。

由于我国在“一带一路”沿线国家和地区开展较多的是交通、电力和通信等基础设施的建设，对相关产品的需求非常大。如光迅科技作为中国最大的光器件企业，主要从事光通信领域内光电子器件的开发和制造，2009年上市后奠定了光器件领域的领先地位，目前已经形成芯片、模块、器件和子系统一体化的产品线。光迅科技借助“一带一路”共建计划，将其优势产品出口至澳大利亚、印度、埃塞俄比亚、吉尔吉斯斯坦等“一带一路”沿线国家。2016年光迅科技的海外业务的营业收入为8亿元；2018年其海外业务的营业收入增速达到了53%，海外业务占全部公司业务的35.6%，实现了快速增长。在参与“一带一路”沿线国家的工程建设中，截至2017年5月，深市上市公司大约有72家公司通过工程承包、参与项目建设、获取海外订单、海外设厂、成立合资公司、成立子公司等投资方式参与其中，主要项目如表5-1所示。

表5-1 部分深市公司参与“一带一路”基础设施建设项目的情况

证券代码	证券简称	行业	主要海外业务国家	规模
000928	中钢国际	土木工程建筑行业	印度尼西亚、玻利维亚、伊朗、俄罗斯	海外订单总额约448亿元，占订单总额70%
000065	北方国际	土木工程建筑行业	老挝、巴基斯坦、伊朗	海外订单总额约540亿元
002051	中工国际	土木工程建筑行业	白俄罗斯、斯里兰卡、伊朗、乌兹别克斯坦	海外订单总额约200亿元

续表

证券代码	证券简称	行业	主要海外业务国家	规模
002543	杭锅股份	通用设备制造业	文莱	中标（文莱）PMB 石油化工项目电站工程（包括海水淡化工程及电站海水脱硫工程），中标金额为 10.19 亿元
300103	达刚路机	专用设备制造业	印度、越南、安哥拉、阿尔及利亚	斯里兰卡公路改造累计超过 12 亿元订单
002430	杭氧股份	专用设备制造业	马来西亚	马来西亚制氧工程 EPC 总承包项目合同
000507	珠海港	交通运输业	巴基斯坦	与中海港签署 65 亿元合作建设瓜达尔港订单

除了基础设施建设行业外，深市公司参与“一带一路”建设数量最多的行业是计算机、通信和其他电子设备制造业和专用设备制造业，总计 73 家，这些行业也是深市的传统优势行业。例如中兴通讯的智慧城市项目，依托“一带一路”倡议，已经成为信息丝绸之路的重要载体，遍及全球 45 多个国家，大约 160 个城市，实现信息和数据的互联互通，以及各个产业、行业的企业和组织的相互协同、跨界的合作。此外，深市部分属于相对“产能过剩”行业的上市公司通过“一带一路”建设积极布局海外市场，获得了新的盈利增长点。其中化学原料及化学制品制造业、有色金属冶炼及压延加工、橡胶和塑料制品业、黑色金属冶炼及压延加工、有色金属矿采选业、非金属矿物制品等公司共计约 49 家，工程建造、通用设备制造业约 25 家，纺织业 8 家，参与方式包括当地投资设厂、产品销售、承接项目订单等。典型公司如上峰水泥，借助吉尔吉斯斯坦及周边国家在水电站、基础设施建设等方面的市场发展机遇，目前业绩基本获得改善。化学制品行业的恒逸石化、传统纺织行业的鲁泰 A 均通过在文莱、越南等地区投资设厂等方式，为公司带来了新的利润来源。

2017 年中华证券交易服务公司（以下简称“中华公司”）在上交所、深交所和港交所（以下简称“三所”）协助下，通过向上市公司发放调研问卷和自愿反馈的形式，收集整理了上市公司2017年度在“一带一路”沿线国家开展业务经营的相关数据，并编写了《2017年度上市公司参与“一带一路”建设报告》。研究报告发现上市公司“一带一路”参与行业及公司呈现多元化，2017年上市公司涉及“一带一路”的投资业务集中分布在能源、工业及金融三大行业，能源类上市公司仍在“一带一路”业务中占主导位置，但其销售、采购、新签工程合同及新增投资业务金额逐年下降，对比2014年度数据，销售及采购金额下跌18%及17%，新增投资金额下跌56%，行业占比均显著下跌。与此相反，工业类上市公司于销售、采购及新签工程合同业务金额则逐年上升，对比2014年度数据分别上升145%、93%及459%。其他行业如金融、原材料、消费及信息技术类公司，销售及采购业务金额也逐年上升。

科技创新行业方面，科技创新合作是共建“一带一路”的一项重要内容，也是推动“一带一路”迈向高质量发展的一个重要力量。近年来，由“一带一路”引领的科技创新合作在促进各国创新要素流动聚集、科技创新深度融合方面发挥了重要作用，企业之间的科技创新合作具有很大的发展潜力。中国依靠科技创新取得的经济社会发展成就引起世界瞩目，在“一带一路”倡议下，目前中国已与160个国家建立科技合作关系，上市公司的对外投资也逐渐转向一些高科技行业，包括新一代信息通信技术、新材料、人工智能、智能制造、生物医药、数字经济等。创业板上市公司积极响应和参与，不仅为落实国家战略贡献力量，也扩大海外市场布局，实现自身跨越式发展。据不完全统计，截至2017年10月，创业板共有60余家上市公司直接参与“一带一路”建设，对外投资及贸易金额超过50亿元，为当地国家提供2万余个就业机会，投资及跨境贸易涉及基建、机械、互联网、医疗等10多个产业，与约49个“一带一路”国家保持贸易投资关系，覆盖75%以上的“一带一路”区域国家。在“一带一路”倡议实施过程中，创业板公司充分利用自身技术优势，积极为沿线区域提供技术服务，促进我国和其他“一带一路”区域国家协同发展。作为我国“北斗”导航系统的参与设计公司，华测导航率先将“北斗”系统应用到尼泊尔、柬埔寨等十余个“一带一路”国家中，为上述国家提供大量测绘地理信息、位移监测、精细农业等领域高精度定位设备及服务。在部分“一带一路”区域，由华测导航研制的农机自动驾驶系统和农用无人机设备已在农作物监测和农药喷洒等领域开始应用，进一步提高当地生产效率，促进当地农业发展。“一带一路”倡议中，中小板上市公司同样立足自身技术优势，不断提升产品品质，积极布局海外市场，实现海外销售收入稳步增长，与海外国家的经贸合作也在不断深化。以主营先进高分子材料研发、生产与销售的康得新为例，依托“一带一路”建设机遇及自身技术优势，其海外收入规模不断增长。2016 年，康得新的海外收入占总收入的 35%，在“一带一路”沿线国家和地区实现销售收入 7.18 亿元，占海外业务的比重达 23%。随着“一带一路”共建体系的日益完善，基础设施的逐步完成，“一带一路”倡议必定将追求更高质量的发展，上市公司在参与“一带一路”共建的过程中，高科技行业在投资领域中所占比重将会有逐步提升。

服务业方面，“一带一路”倡议助推沿线国家服务业升级的过程中，为中国上市公司服务业的投资和发展带来发展契机。借助“一带一路”倡议，中国上市公司可与“一带一路”沿线国家企业的发展战略和规划直接对接，与“一带一路”沿线国家的产业规划和工业制造相结合，引进金融、证券等高端产业，并且我国上市公司与沿线国家企业服务贸易的范畴将会越来越大。“一带一路”倡议拉动服务业投资，其中大规模基础设施建设将拉动相关生产服务业境外投资；基础设施建设过程将推动中国金融机构向海外拓展业务；整体投资环境的改善会刺激贸易、运输、跨境电子商务等领域的境外直接投资。以跨境电商京东为例，京东进出口数据显示，在国家“一带一路”倡议大背景下，中国与世界各国的线上商贸发展迅速。通过跨境电商，中国商品销往俄罗斯、以色列、韩国、越南等 100 多个签署了共建“一带一路”合作文件的国家和地区，线上商贸范围从欧亚拓展到欧洲、亚洲、非洲。同时，开放、崛起的中国市场为“一带一路”合作国家提供了新的经济增长点。2018 年，韩国、意大利、新加坡、奥地利等国，成为线上销售额最高的“一带一路”进口国。利用电商运营的成熟经验和信息消费优势，跨境电商在实现“买全球”和“卖全球”的愿景上走得更远。2018年，“一带一路”合作国家在京东使用跨境电商消费的订单量是2016年的5.2倍。除新用户的增长贡献，各国消费者从跨境电商网购中国商品的频率也明显增加，手机及配件、家居、美容健康、电脑和网络产品是最受海外市场欢迎的中国商品。伴随“一带一路”国际合作的积极推进，中国电商“出海”也驶进了高质量发展的3.0时代，主流互联网企业积极布局海外市场，先进标准的引领加上成功的本土化策略是其主要标志。中国电商利用国际领先的供应链管理与电商运营经验，外扩渠道，内搭平台，帮助中国品牌出海的脚步迈得更远。同时，也在世界范围搭建起信息流、商流、物流网络，通过提高线上商贸的便利性及全球供应链效率，实现全球市场供需端高效对接，为各国人民的美好生活贡献价值，为实现经济全球化提速增效。

第二节　“一带一路”倡议之前中国上市公司多元化的情况

上市公司多元化是指上市公司同时在多个行业或者多个市场里经营，Ansoff（1957）把多元化经营战略定义为企业生产多种产品、向多个市场进行扩张的战略。多元化战略是指企业同时经营两种及两种以上的能够为公司带来经济利益流入的不同产品或者服务的一种公司发展战略，上市公司多元化包括产品多元化、行业多元化和投资区域的多元化。上市公司多元化一般用企业经营业务单元数目进行测量，上市公司不同业务单元数越多，意味着该公司业务具有多样性。学者在量化上市公司多元化指标时，运用上市公司的不同经营业务收入占营业总收入的比重来衡量多元化类型，将多元化划分为不同类型。若上市公司营业收入构成中存在的业务类型越多，且这些业务的相关程度越弱，表明公司的经营战略越趋于多元化分布。从市场势力理论和交易成本理论的角度分析，上市公司多元化战略能够获取市场势力和降低交易成本，公司管理者能够选择最优的市场竞争战略。从风险分散的观点来看，上市公司多元化战略可以利用不同行业和不同市场的组合投资来分散公司非系统性风险，提高公司盈利能力和风险应对水平。

早期，我国上市公司多元化还处于初步探索的萌芽阶段。我国第一批实施多元化经营的企业是一些军工企业，改革开放后，随着生产军用产品企业的生产规模大幅度下降，军工企业初步探索“军转民”的多元化经营模式，“长虹”和“嘉陵”是最具代表性的例子。20世纪80年代是我国企业尝试多元化经营的重要时期，20世纪80年代初期，深圳宝安和广州白云山制药等企业纷纷开始尝试多元化经营战略；20世纪80年代后期，中国企业多元化战略呈现出跨行业、跨地区的态势，大多数企业主要是采取发展非相关业务的多元化战略，并且形成了一些大型企业集团，如首钢集团、中信集团公司、广州万宝集团公司、深圳赛格股份公司、上海高桥石化公司等。从20世纪90年代中后期开始，由于我国市场经济逐渐趋于成熟，市场竞争不断加剧，使企业的经营出现了“归核化”的趋势，许多企业由于涉足的行业和产品过多，导致企业资金出现了危机，企业在多元化经营扩张下形成的管理和财务漏洞开始显现。2000年以后，许多企业又开始实行多元化经营战略。一方面，由于行业内部市场总体需求的限制，企业的产品销售难以获得较快的增长，一些企业为了寻找新的利润增长点而进入新兴行业。以方正集团为例，20世纪90年代末，方正系统在国内占据领先地位，产品出口至英国、法国、德国、意大利、波兰、加拿大等几十个国家和地区。2001年，方正集团从单一的高科技企业向多元化企业发展，2011年方正集团成功转型为拥有房地产、金融、IT、医疗医药和大宗商品交易的多元化投资控股集团。另一方面，随着我国资本市场的不断发展和逐步成熟，通过资本市场来实施多元化经营的趋势越来越明显。许多企业通过企业并购、资产重组等方式向制造业、服务业、房地产业等不同行业实施多元化经营，2001~2006年，我国大约有46%的上市公司实施了多元化战略。

中国上市公司除了在本土实施经营多元化战略外，也在海外逐步探索多元化的投资策略。以跨国并购为例，1996年之前，中国企业的跨国并购处于试点阶段，并购交易事件和规模都较小；1997~2001 年，中国企业的跨国并购开始起步，并购交易事件和规模有所增加。2001 年底中国加入 WTO，意味着中国企业跨国并购进入一个全新的历史时期，中国政府正式实施“走出去”战略，坚持“引进来”和“走出去”相互促进、相互推动的发展方针；中国加入 WTO 之后，2002 年起中国企业进入跨国并购的快速发展时期，2002 ~2012 年中国企业跨国并购规模逐步增加，2012 年跨国并购案例数达到 196 个，投资金额规模为 1335.7 亿美元，中国企业对外直接投资的数量剧增，并且越来越多的企业采取跨国并购的投资方式。

国家为了更好地服务和引导中国企业积极“走出去”，国家税务总局、商务部在资金扶持、税收管理、服务性政策方面也做出了一定的努力。首先是资金扶持方面，各相关部门提供了专项资金、信贷支持政策、融资政策等，支持和帮助企业“走出去”。其次是税收政策方面，国家税务总局在规范和促进企业对外投资方面颁布了相应的政策。例如，2007 年国家税务总局下发了《关于做好我国企业境外投资税收服务与管理工作的意见》，制定我国企业境外投资税收服务指南，畅通我国企业境外投资税收宣传和咨询渠道，加强对我国境外投资企业的税收辅导。2009 年，国家税务总局又先后制定了《关于境外所得的既得所得税管理办法》《关于企业所得税间接抵免的具体操作办法》，以使境外投资的企业尽快地享受税法规定的优惠。2010 年，国家税务总局颁布了《关于进一步做好“走出去”企业税收服务与管理工作的意见》，在企业所得税征收方面，抵免“走出去”企业的境外所得税，并且具体细化了相关政策规定；在进出口税征收方面，进一步完善与企业境外投资有关的出口退税政策，加大对境外投资企业的政策支持力度。商务部于 2003 年组建专门的服务机构——外商投资促进中心（投资促进事务局），在商务部官方网站建立和完善对外直接投资统计系统、境外投资管理系统、境外矿产资源开发备案系统以及国别投资经营障碍报告系统。2006 年，商务部为了更好地指导中小企业对外投资，建设境外经贸合作区，解决我国大多数中小企业国际经营管理经验缺乏、国际融资能力差、风险意识和抗风险能力薄弱的难题。据商务部、国家统计局和国家外汇管理局联合发布的《2012 年度中国对外直接投资统计公报》显示，中国对外直接投资达 878 亿美元，同比增长 17.6%，首次成为世界三大对外投资国之一，并购的区域主要分布在北美、南美、亚洲、欧洲、非洲以及澳大利亚等国家和地区。

早期中国企业的跨国并购仍然处于初级阶段，中国上市公司的跨国并购并不完全都是为了“走出去”进入国外市场，更多的是为了建立、服务或巩固自身在国内市场的竞争地位。部分企业的跨国并购是为了追求短期财务目标，或者是出于投机行为或是盲目跟风，而非战略性并购。战略性并购是以自身的核心能力为基础，通过并购实现双方的资源优化配置，产生协同效应。我国上市公司早期的跨国并购缺乏对外投资的经验，在跨国并购时容易忽略到并购环节存在的风险因素，尤其是对东道国的经营环境和文化背景不熟悉而存在“外来者劣势”。这主要是因为母国和东道国在经济、政治、文化、法律等各方面都会存在差异，中国企业在进入东道国时会面临各种潜在的风险因素以及准入限制，东道国和母国的文化差异会导致企业在经营理念、管理模式、价值观、用人制度方面存在冲突，中国上市公司很难管理和控制被并购企业。同时，由于信息不对称还会使跨国并购的成本和障碍增加，甚至会出现双方资源的低效率配置和不合理配置，难以产生协同效应。在“一带一路”倡议提出之前，除国有控股企业在跨国并购时资金较为充足以外，其他上市公司在参与对外投资时均面临着资金不足的问题，并且倾向于采用高报价的收购方式完成并购，并购溢价造成资本成本的增加。同时，虽然中国的对外贸易与对外投资发展速度很快，但各省份的来源分布差异性也非常突出，从 2001 年末不同地区的非金融类对外投资流量分布状况来看，东部占了 72.83% ，中部和西部分别只占 15.46% 与 11.7%。

第三节 “一带一路”倡议之后中国上市公司多元化的情况

公司同时在多个地域市场上经营，可以认为公司采用地域市场多元化战略。“一带一路”倡议跨越不同国家，沿线各国资源禀赋各异，经济互补性较强，彼此合作潜力和空间很大，“共商、共建、共享”的合作原则为中国上市公司跨地域投资和经营带来更多发展的机会。同时，政策优惠的倾斜推动更多的企业主体加入“一带一路”倡议，积极开展各种海外投资活动。海外合作促进上市公司丰富产品的多样性，追求更高质量的发展，并且随着不同行业的加入，上市公司多元化水平在“一带一路”共建中不断提高。“一带一路”倡议在2013年后半年提出后，作为一项国家层面的战略，政府出台了一系列税收、金融、政策性贷款等优惠政策，鼓励中国企业“走出去”，国际间的合作和贸易往来能够为中国上市公司经营和投资多元化注入更多活力。2013年，中国对外直接投资流量排名前20位的国家和地区中，有一半就位于“一带一路”沿线区域，而对“一带一路”沿线国家和地区的投资存量也占一带一路吸收总量1.3%。同时，“一带一路”倡议带来的巨大机遇，也为相关上市公司提供了盈利的空间。根据2014年数据统计，51家“一带一路”概念上市公司合计实现营业收入16915.36亿元，同比增长5.8%；合计实现归属于母公司股东的净利润474.70亿元，同比增长17.5%。中国上市公司与“一带一路”沿线各国建立友好的合作伙伴关系，可以在一定程度上削弱我国上市公司进行跨地域经营和投资的信息劣势，降低公司成本和投资风险，并且刺激企业的多元化国际经营。2015年3月，中国发布了《推动共建丝绸之路经济带和21世纪海上丝绸之路的愿景与行动》，明确指出“一带一路”重大倡议要把投资和贸易有机结合起来，以投资带动贸易发展，拓展相互投资领域，开展农林牧渔业、农机及农产品生产加工等领域深度合作，积极推进海水养殖、远洋渔业、水产品加工、海水淡化、海洋生物制药、海洋工程技术、环保产业和海上旅游等领域合作。加大煤炭、油气、金属矿产等传统能源资源勘探开发合作，积极推动水电、核电、风电、太阳能等清洁、可再生能源合作，推进能源资源就地就近加工转化合作，形成能源资源合作上下游一体化产业链。加强能源资源深加工技术、装备与工程服务合作。推动新兴产业合作，按照优势互补、互利共赢的原则，与“一带一路”沿线国家和地区加强在新一代信息技术、生物、新能源、新材料等新兴产业领域的深入合作，推动建立创业投资合作机制。扩大服务业相互开放，推动区域服务业加快发展。探索投资合作新模式，鼓励合作建设境外经贸合作区、跨境经济合作区等各类产业园区，促进产业集群发展。共建“一带一路”的途径是多元开放的合作进程，“一带一路”的愿景和指南，积极推动我国上市公司参与“一带一路”的共建体系，扩展海外投资活动，所涉及的行业涵盖各个不同的领域，极大地促进了我国上市公司的经营多元化和投资多元化。

关于上市公司多元化研究的文献中，多元化的测度方式有：企业的跨行业个数（根据企业的四位 SIC 编码个数判断其多元化程度）；收入的赫芬达尔—赫希曼指数（收入的赫芬达尔—赫希曼指数越低，代表企业的多元化程度越高；收入的赫芬达尔—赫希曼指数为 1 时，代表企业专业化经营）；收入的熵指数（收入的熵指数越高代表企业的多元化程度越高）等。从 Wind 数据库中收集 2014~2018 年我国上市和沪市 A 股上市公司数据，分行业计算我国上市公司多元化情况。由表 5-2 可知，2014 年我国上市公司企业跨行业个数大于 1 的占据 58.51%，截至 2018 年末，上市公司跨行业个数超过 1 的为 61.19%，表明上市公司跨行业经营的个数有所增加。用收入的赫芬达尔—赫希曼指数计算，2014 年计算值平均为 0.770，2018 年平均值下降为 0.762，收入的赫芬达尔—赫希曼指数减小说明企业多元化程度提升。

表 5-2　2014~2018 年“一带一路”倡议提出后我国上市公司多元化情况

年份	跨行业个数大于 1 的企业占比（%）	收入的赫芬达尔—赫希曼指数	收入的熵值
2014	58.51	0.770	0.386
2015	61.28	0.762	0.408
2016	61.46	0.764	0.126
2017	58.51	0.766	0.128
2018	61.19	0.762	0.130

“一带一路”倡议对一些行业的发展具有深远的意义，其中中国工

程机械企业借助“一带一路”和国际产能及装备制造合作的东风，扩大了中国工程机械国际市场占有率。2017 年 1~9 月，我国工程机械企业向“一带一路”沿线国家出口工程机械 61.7 亿美元，同比增长 11.7%。由于“一带一路”相关国家基础设施需求大，中国工程机械制造商充分受益，各企业通过服务国内企业海外项目、设立海外产业园，加快布局“一带一路”区域市场。因此“一带一路”为工程机械行业创造了新的发展机遇，助推工程机械行业进一步扩大国际市场占有率及国际业务多元化发展。以徐州工程机械集团有限公司、中联重科股份有限公司，中国中铁股份有限公司等为代表的大型骨干企业继续在欧洲、南北美、独联体、东盟、中东等地投资开办独资和合资企业，并且不断提高其投资多元化程度。以中国中铁股份有限公司（以下简称“中国中铁”）为例，中国中铁通过集成产业链优势，推动了我国信息通信技术和设备的出口，其不仅在传统业务上承包“一带一路”沿线国家大量的铁路、轨交项目，还通过与国内优秀通信领域制造商合作，积极参与“一带一路”国别数字网络建设，在“一带一路”数字化建设中也取得了新的突破。2018 年，中国中铁境外新签合同额 1049 亿元，在“一带一路”沿线国家实现新签合同额 720.6 亿元，同比增长 33%，来自境外营收 428.6 亿元，占总营收的 5.8%。中国中铁在“一带一路”倡议之前的 2012 年海外业务营业收入为 220.8 亿元，仅占总营收的 4.56%，6 年来，中国中铁海外营收额翻了 1 倍。实行多元化战略的工程机械企业中较为突出的还有三一重工股份有限公司（以下简称“三一重工”），目前三一重工在上海临港、珠海、浙江、江苏等地都设有工厂，其“海上丝绸之路”布局也初具雏形。另外，三一重工建立了珠海产业园，开展海洋工程装备业务，这是继三一重工进入能源装备领域后，开展的第二大新业务板块。此外，三一重工还在印度、印度尼西亚等方面投资，形成一条完整的“海上丝绸之路”。除了工程机械产品外，三一重工还将住宅产业化、智能港口、新能源技术、智能化油田的开采等项目打造成了“一带一路”上的业务新支点，其中住宅产业化项目是三一集团近年来进入的新领域，在这一领域，三一重工取得了快速发展，成为国内唯一可提供成套 PC 设备整体解决方案的企业。同时，在海外，三一重工通过住宅产业化的方式，参与俄罗斯、阿尔及利亚、马来西亚、印度尼西亚、南非、沙特阿拉伯等多个国家的当地建设。

汽车行业方面，“一带一路”倡议使中国与“一带一路”相关国家的交往更加密切，经贸合作更加深化，随着相关国家的市场开放，给中国汽车产业的海外发展带来了重大的发展机遇。近年来，中国汽车业的国际竞争力逐渐增强，并以多种形式开展国际产能合作，加大在海外投资设厂的力度。中国车企在参与“一带一路”对外投资时，由以往的出口贸易型逐渐转变为营销型，各个车企都在积极布局，加大在各主要市场的营销体系建设力度，其主要方式是在海外建立海外营销子公司，铺设自己的营销网络。比如，长城在俄罗斯、澳大利亚、南非设立营销公司；奇瑞在俄罗斯、伊朗、巴西设立营销公司；中国重汽在尼日利亚设立营销公司；上汽在智利、沙特阿拉伯设立营销公司；长安在俄罗斯设立营销公司；上汽通用五菱在印度尼西亚设立营销公司；海马在俄罗斯设立营销公司；力帆在俄罗斯、巴西和埃塞俄比亚设立营销公司；一汽在南非、伊朗、东欧等国家和地区设立营销性分支机构。这些海外分支机构的设立，有效地促进了我国汽车企业国际化的步伐，并成为现阶段汽车产业“走出去”的基本形态。随着中国汽车在国际市场的发展，各企业在海外设立研发中心，利用全球化的智力资源，吸收先进技术，增强企业产品的竞争力，完善企业的多元化的国际服务。例如，比亚迪在“一带一路”建设中，其在巴西的业务包括 K9 电动大巴、E6 纯电动车、电动环卫卡车、电动卡车、电动叉车等新能源车，产品类型具有多元化，还包括云轨、储能和太阳能等多元类型的项目。

通信行业方面，三大基础电信运营公司积极构建支持全球化业务发展的 ICT（Information Communication Technology）设施，国际设施全球布局初具规模。中国电信已经在“一带一路”的重点区域打下了坚实的网络和合作关系基础，在 39 条国际海缆上拥有资源，参与了 11 条海缆建设，与 14 个接壤的周边国家和地区有陆缆直联，建设共计 53 个跨境陆缆系统。中国电信通过合作建设的方式，加大了国家和地区之间的合作，提高了路由通达的多元化，基本实现全球网络覆盖与服务能力。中国移动以推动实现“大连接”为目标，以“信息高速公路”建设为基础，以共商、共建、共享为战略方向，建立立体化网络资源布局，提升平台服务能力，初步建成陆上、海上信息丝绸之路，国际化服务能力和多元化服务功能不断提升。随着中国互联网高速发展，一些大型互联网企业也成为中国信息通信行业“走出去”的一支生力军。近年来，阿里巴巴、百度、腾讯等企业纷纷走出国门，进军国际市场，业务范围覆盖扩展到全球。阿里巴巴正在全球范围内推动 eWTP（全球电子商务平台）的实现，通过互联网创造的新实体经济，促进普惠贸易发展，支持全球 80% 的小企业进入全球市场。其“天猫出海”项目，正在为十多万天猫商家、上百万淘宝商家提供翻译、交易、支付、物流等在内的一揽子解决方案，帮助其以低成本、低门槛方式实现“一店卖全球”，也让更多的东南亚居民可以便捷地买到高品质的中国商品。目前，阿里云服务已经横跨四大洲，拥有 3000 名以上员工，服务超过 230 万客户，包括众多跨国公司，例如飞利浦、施耐德、福特汽车、雀巢、海尔和中国铁路等。2016 年，阿里云在海外市场的规模增速超过 400%，用户量增长了 7 倍。根据国际第三方咨询机构高德纳咨询公司 2016 年数据显示，阿里云已成为全球三大云基础设施服务商，市场份额仅次于谷歌与微软。华为、中兴作为全球领先的通信设备商，已广泛参与全球信息基础设施建设，其电信网络设备、IT 设备和解决方案以及智能终端已应用于全球 170 多个国家和地区。与此同时，随着“一带一路”的推动，以及国际市场需求的拉动，越来越多的光纤光缆上市公司开始探索国际市场。以长飞、亨通、烽火、中天科技、富通为代表的光纤光缆企业正大力实施“走出去”战略。长飞光纤于 2016 年 12 月成立长飞光纤非洲控股有限公司，2017 年 5 月成立长飞印度尼西亚光通信有限公司，目前长飞光纤在印度尼西亚投资总额已超过 3600 万美元。中天科技国际化进程进一步加快，产品远销全球 147 个国家及地区，在“一带一路”沿线 61 个国家销售额占整体海外销售总额的比重突破 70%。“一带一路”倡议促使我国通信行业公司自发开拓海外市场，向有组织、产业链上下游和不同产业间协同开拓方式的转变，形成集融资、科技研发、装备提供、工程建设、维护、本地化运营等多元服务于一体的全产业链“走出去”的国际合作新模式。在新一代信息通信技术发展方面，人工智能技术和相关产业在“一带一路”沿线国家和地区也开始推广应用，进而推动人工智能企业与传统行业对接，推进行业数据开放利用，全面提升各行各业应用水平。国家鼓励企业围绕“一带一路”倡议建立国际研发中心，支持人工智能技术在“一带一路”沿线国家和地区推广应用，进一步深化标准、规范、监管、安全等多个领域的交流与合作，重点突破智能芯片、传感器、核心算法等方向，提升软硬件技术水平，加强产学研协同创新，面向机器学习、自然语义理解、自动驾驶等领域，加快创新成果转化，积极培育新产品新应用。

农业方面，在“一带一路”倡议的引领和带动下，中国农业对外开放步伐不断加快。农业对外投资规模逐步扩大、投资领域不断拓宽、投资主体日趋多元、投资方式日益丰富。截至2017年底，我国共有717家境内企业在境外设立了851家涉农企业，2017年新增投资额22.5亿美元，与2010年相比增长了11倍；投资存量173.3亿美元，与“一带一路”倡议提出前相比，翻了两番以上。2013年以来，我国农业对外投资呈现出跨越式增长势头，投资存量年均增长率达到44.7%。投资区域以亚洲、欧洲为主，覆盖了全球六大洲的100个国家和地区；投资产业以粮食作物和经济作物为主，涵盖粮棉油糖胶、畜牧渔业、农资农机等十多个类别，涉及科技研发、生产、加工、流通、贸易等产业链上的各个环节。农业对外投资领域已由早期重点关注初级产业链环节，发展到加工、仓储、物流、贸易等多环节共建的局面。2017年，仅从事生产环节的企业有208家，占比24.4%，比2015年减少50%；同时经营两种以及两种以上业务的企业数量占到51.8%，从事科研、生产、加工、仓储和物流全产业链投资的企业有45家，占比5.3%，展现了我国在全球开展农业全产业链投资合作的趋势。农业上市公司海外并购方面，中粮集团收购来宝农业和荷兰尼德拉、中国化工收购先正达、光明。非农企业逐步成为农业对外投资的重要力量。中信建设、中地海外等实力雄厚的非农企业，近几年也看到了农业的发展潜力，开始在境外部署农业投资，且平均投资规模已超农业企业。

在“一带一路”框架下，现有的双边协议机制，投资、贸易等创新合作机制，为企业开展国际经营和投资提供了更加便利的条件。经过多年的实践，我国上市公司在对外投资过程中探索出了多元化的路径和模式，中国海外投资企业涉及产业领域较为广泛，涉及三大产业的多个行业。从投资目的来看，多数企业是根据发展诉求自发“走出去”，近几年依托园区建设抱团出海、借助援外平台“走出去”的企业也在不断增多。从投资模式来看，海外并购逐步受到企业，特别是大型、有实力的上市公司的重视。企业通过购买境外企业来获得优势资源、品牌、技术、市场、渠道，发挥产业链优势，快速和高效地提升产业层次和多元化水平。

第四节　本章小结

目前，我国上市公司参与“一带一路”共建的公司数目和项目规模呈现增加的趋势，“一带一路”倡议对我国上市公司的投资目的、投资环境、投资方式、投资规模和投资领域等都产生了非常深远的影响。“一带一路”中的“五通”强调政策沟通、道路联通、贸易畅通、货币流通和民心相通，为我国上市公司对外投资创建了良好的区域合作基础，提升了投资贸易便利化水平，促进我国上市公司不断提高海外投资的规模。据统计，2013~2018 年，中国企业对“一带一路”沿线国家直接投资超过 900 亿美元，年均增长 5.2%。在“一带一路”沿线国家完成对外承包工程营业额超过 4000 亿美元，“一带一路”沿线国家对华直接投资超过了 400 亿美元。

我国上市公司的投资方式也日益多元化，包括跨国并购、交叉持股设立中外合资子公司、与第三方合作等，通过境内外优势资源的整合和先进技术的融合，促进上下游产业链和关联产业协同发展，实现企业间跨区域资源要素的有序流动和优化配置，促使商品、资金、技术、人员更加通畅地流动。在“一带一路”背景下，“共商、共建、共享”的发展理念使得各国企业之间的国际合作变得更加密切，具有创新性的战略联盟合作和投资伙伴关系的出现有利于提高对外投资效率，有利于推动产业提升升级和中国企业的国际影响力。“一带一路”建设涉及的投资行业非常广泛，“一带一路”重大倡议的提出和逐步推进将为中国上市公司境外投资战略带来前所未有的机遇和发展空间。其中，大规模基础设施建设仍然是“一带一路”建设的重要领域，基础设施条件的提升将改善“一带一路”沿线国家的整体投资环境，提供贸易便利。当前“一带一路”横跨欧亚非三大洲，沿线地区基础设施建设规模相当可观。随着大规模基础设施建设的逐步铺开，相关行业的境外投资将逐步提速。一方面，基础设施建设项目的巨额投入能够拉动相关制造业积极参与“一带一路”沿线国家的海外投资，与之相关的工程建筑、钢铁业、建筑材料业、装备制造业、运输设备制造业乃至通信、电子、化工等制造业都将获得强劲的增长驱动力；另一方面，“一带一路”倡议能够带动服务业投资，大规模的基础设施建设将拉动相关生产服务业境外投资，以及推动中国金融机构拓展其海外业务，随着整体投资环境的改善，还会刺激贸易、运输、跨境电子商务等多个领域的境外投资活动。

“一带一路”倡议提出前后，比较中国上市公司的多元化战略的发展情况，显现出一定的差异。早期我国上市公司的多元化战略处于探索阶段，2000 年之后，许多企业开始实行多元化经营，但是在多元化业务板块的扩张中也出现了很多的问题。自中国加入 WTO 之后，中国上市公司“走出去”战略才逐步扩大规模，中国政府也出台了一系列对外投资优惠政策，鼓励中国企业“走出去”，但是“一带一路”倡议之前的海外投资其主要目的是追求短期财务目标，尚未建立完善的投资体系和理性的投资目标。我国上市公司对海外并购缺乏投资经验，对东道国的制度背景、文化差异、经济基础等缺乏了解，对外投资过程中面临很大的投资风险和高额的并购成本，不利于我国上市公司从跨地域多元化经营中获得预期收益。2013 年 9 月，自“一带一路”倡议提出之后，政府提供了贷款、税收、金融和贸易合作等方面一系列的政策支持，越来越多的中国上市公司参与到“一带一路”的建设过程中。中国与“一带一路”沿线各国之间的国际合作日益密切，国家层面的合作往来为各国企业之间的贸易合作及投资提供便利。中国企业参与“一带一路”沿线各国的基础建设，能够了解各国的国家文化和制度背景，同时能够改善投资环境。我国基建企业在“一带一路”构建中，不仅在传统业务上增大了项目承包规模，而且大力发展“数字化丝绸之路”网络建设，多元化的业务类型为企业创造了来自不同业务单元的营业收入；我国汽车企业在对外投资中，建立属于自己的海外营销网络，提供多元化的汽车产品；我国通信企业，除发展基础的信息服务，提高全球网络覆盖范围，共建“信息丝绸之路”外，还积极推动人工智能技术在“一带一路”沿线各国的应用，设立国际研发中心，实现创新成果的转化和应用，研发新产品和探索新一代的通信技术和信息服务。我国农业企业在“一带一路”倡议下，对外投资规模也表现出扩大的趋势，其投资主体、投资领域和投资区域日趋多元化；中国农企的投资领域由农业生产、加工、出售的初级产业链环节已经发展到仓储、物流、贸易等多个环节，其他非农业企业在境外展开对我国农企的投资，为农业企业提供多元化经营资金；在第三产业方面，我国提供金融服务的企业、海外教育企业、贸易运输企业和跨境电商企业等也在“一带一路”倡议的背景环境下发展迅速。由此看来，“一带一路”倡议为中国上市公司多元化经营和投资战略的部署带来了发展和盈利的空间、国际间的合作、资源的互补与优化配置、先进技术的学习和交流，产能结构的升级、品牌国际影响力的提升等，这些都对中国上市公司的多元化战略产生了积极的影响。国际合作和风险防范体系的逐步完善，我国上市公司经营技术、管理能力和投资经验的逐渐成熟，都将有利于中国上市公司从多元化战略中获得收益，进而有利于提升中国上市公司的价值。

第六章

中国上市公司多元化投资与公司价值

第一节　理论分析与研究假设

关于公司多元化的益处和成本已有较多研究。然而，价值多元化的净收益，仍然是一个悬而未决的争论。Hadlock 等（2001）指出，试图理解多元化的价值，重要的是要“确定何时成本可能超过收益；反之亦然”。在早期的研究中被广泛提示的集团折价受到质疑。之后的一些研究报告表明，折价归因于检验方法的选择或某些企业特征而非多元化本身。也有越来越多的证据表明，内部资本市场是活跃的和有效的，有利于公司业绩的提升。Hann 等（2013）的研究表明，比起单一经营企业，多元化企业享有较低的资本成本。

多元化可以减少企业的系统性风险和资本成本，这种形式的财务协同能够有效进行内部资本市场的资源配置。通过实行多元化创造内部资本市场，企业可以绕过外部资本市场摩擦，实现更高效的投资决策。多元化也可以缓解单一经营企业面临的外部资本市场的逆向选择问题。公司债务共保和对借款能力的提高增加了多元化公司的财务保障，这表明债务偿还风险的减少使多元化企业可以为将来盈利但暂时小幅获利的项目筹集到资金，缓解了一定时期的资金压力。

虽然建立分部或者集中扩张都可以获得公司资源，但多个产业分部的公司可以获益于范围经济。多元化公司通过使用共同的专有技术和隐性知识来生产不同的产品，产生了比较优势从而创造了价值（Teece，1982）。多元化公司可以消化不同活动的冗余从而节省了总固定生产成本（Gomes and Livdan，2004）。

操作方面和财务方面的好处不是相互排斥的，而是互补的。多元化企业通过共同所有权从而避免了外部市场交易摩擦，这是专业化企业难以获得的。由于没有需要抵减的成本，多元化带来的收益可以使股东财富随多元化水平的提高而逐渐增加。虽然，有学者指出，当多元化带来的净收益少于从单一经营中获得的净收益时，企业可以选择继续单一经营，然而，多元化决定涉及高昂的成本。这些成本的不可逆情况使企业在进行多元化经营不能达到最优状态，可能会使多元化的更多价值不能在现实中充分地被观测到。Ekkayokkaya 和 Paudyal（2015）研究发现，尽管速度在下降，但平均而言多元化收购增加了股东财富。

根据以上分析，我们提出：

假设 1a。在其他条件不变的情况下，多元化程度越高，企业价值越高。

较早的关于集团收购的文献表明集团收购可能会对收购者造成一些宣告期损失。也有文献表明，集团形式的组织具有高昂的成本并且破坏了股东的财富。由于有限理性，过度多元化限制了总部认知能力和资源分配的协调。当涉及范围经济时，一个高度的多元化集团提高了获得共同投入的瓶颈。相似地，提高了多元化水平，会增加非相关项目评估错误的可能性，进而导致总部资源配置的错误（Stein，1997）。

Lamont 和 Polk（2002）发现，外部产业冲击会导致多元化经营减损企业超额价值，并支持了内部资本市场效率低下的观点。集团企业部门增长前景的不相关性也蕴含了代理问题。Scharfstein 和 Stein（2000）研究表明，由于企业集团总部无法遏制部门经理的“寻租”从而造成了低效的交叉补贴。他们也表明当各部门之间在投资机会差异很大时，这些低效率的可能性变得更大了。Rajan 等（2000）发现，当一个特定分部盈余被其他分部征用变多时，阻碍了高成长分部的最优投资，交叉补贴将导致低效率，在高度多元化下的集团中这个问题最为严重。这些理论揭示了多元化成本的一个共同特征，即随着集团多元化水平的提高，无效率成本将变大；一旦公司多元化达到某种程度，多元化成本显得更为突出；当企业进一步多元化，多元化成本变得更大从而加速了边际收益递减。与专业化公司相比，多元化集团的非相关分部的投资对行业投资机会不太敏感，并将这种无效率归结为代理问题。

多元化企业的管理层如果清楚企业进行多元化的边际收益和成本，追求价值最大化的企业将谨慎进行多元化，在股东遭受财富损失时停止多元化。然而，企业的多元化可能会超出最优水平，造成财富损失，这主要来自两方面的原因：一是多元化使管理者增加了就业经验和未来从业更多的可能；二是管理者可能获取私人利益，比如构建管理层防御。另外，无效的多元化也来自管理层对他们通过经营多元化业务获得收益的能力过度自信。企业拥有多元化资产，减轻了外部市场约束，庇护了由于管理层机会主义或过度自信所造成的投资浪费。

基于以上分析，我们提出：

假设 lb。在其他条件不变的情况下，多元化程度越高，企业价值越低。

第二节　研究设计

一、样本选取

本书选择 2014~2018 年在上海及深圳上市的全流通 A 股上市公司作为研究对象，本书中用到的公司财务数据和市场交易数据来自 Wind 数据库。之所以选择沪、深主板上市企业作为研究样本，主要基于以下两点理由：第一，经营绩效数据必须具有可获得性、真实性、可靠性及一定的数量规模。上市企业有严格的信息披露要求，必须经过第三方注册会计师事务所的审计，数据的真实性、可靠性远胜于一般的非上市企业，而且数量庞大的上市企业也使大样本的选择与统计成为可能。第二，主板上市企业的成熟度要优于中小企业板、创业板的上市企业，经营绩效数据更为成熟和稳定。

同其他研究多元化经营的文献一样，由于金融企业业务和收益测算的特殊性，本书效仿国内先行的学者，排除了金融行业企业。此外，本书样本还排除了 ST 企业以及中途退市等数据不全的企业。

二、变量设计

1. 企业绩效

本书采用总资产回报率（Return on Assets，ROA）作为衡量企业绩效的替代变量。总资产回报率是指在一定周期内企业所得回报与其平均资产总额的比值，其所得回报包括营业利润、投资收益、补贴收入等与利息支出的差额，其平均资产总额为资产总额年初数与年末数的平均值。该指标值越高，企业增加收入和节约资金的能力越为突出。本书中企业总资产回报率的相关数据来自国泰安数据服务中心公司研究系列的盈利能力数据库。

2. 多元化程度

西方学者通常根据标准产业分类代码（Standard Industrial Classification，SIC），采用两种方法测算公司的多元化程度，分别为赫芬达尔—赫希曼指数法（HHI）和熵指数法（EI）。一系列实证检验证明，HHI 和 EI 在测算结果及其有效性方面相差无几，两者的相关系数往往能够达到 0.9 以上。为了同时了解行业和产品多元化的信息，本书采用熵指数法测算企业的多元化程度。

Jacquemin 和 Berry（1979）建议采用熵指数法来反映企业的多元化程度。熵指数计算时依赖以下三个指标：一是企业分布的不同行业的相关程度；二是销售收入的分布情况；三是企业分布的行业数量。熵指数可以分解为相关多元化部分和不相关多元化部分。熵的表达式如下：

$$EI = \sum_{i=1}^{n} P_i \ln \frac{1}{P}$$

其中，EI 为熵，P_i 为多元化公司在第 i 行业的销售收入占总销售收入的比例；$\ln \frac{1}{P_i}$为第 i 行业的权重值。多元化程度越高，熵指数就越高。当企业单一化经营时，该指数为 0。

3. 控制变量

在设计多元化经营与公司绩效相关性的多元回归模型时，为了确保研究结果的可信性，本书考虑了以下几个控制变量：

（1）公司规模（SIZE）。研究发现，大公司比小公司更容易进行多元化。本书选用资产规模来衡量公司规模，为了消除异方差以及变动因素的影响，资产规模量化为各年总资产的自然对数。

（2）上市公司财务杠杆系数（DEBT）。根据 Li 等（2003）和 Li 和 Wong（2003）的研究，财务杠杆系数反映了债权人对股东的影响，进而对企业绩效产生影响。同时，该变量还是衡量企业财务安全性以及反映企业对债务融资依赖程度的重要指标。

（3）企业性质（PRIVATE）。该变量为虚拟变量，若为民营企业，则取 0，否则取 1。

4. 计量模型

根据以上研究设计，为了检验假设 1a 和假设 1b，本书采用多元回归，提出以下模型：

$$ROA_{i,\ t}=\beta_0+\beta_1 EI_{i,\ t}+\beta_2 SIZE_{i,\ t}+\beta_3 DEBT_{i,\ t}+\beta_4 PRIVATE_{i,\ t}+\varepsilon_{i,\ t}$$

其中，被解释变量 $ROA_{i,\ t}$ 为企业绩效，解释变量 $EI_{i,\ t}$ 为熵指数，控制变量为企业规模、财务杠杆系数和企业性质。主要考察系数 β_1，若 β_1 为正，表明企业多元化经营可以显著提高企业绩效；若 β_1 为负，表明企业多元化经营不利于提高企业的绩效。

第三节　实证结果与分析

一、描述性统计

由表 6–1 可知，对于被解释变量 ROA 来说，其最大值为 8.47，最小值为 –48.31，这意味着部分企业之间存在明显的差距。ROA 的均值为 0.04，意味着中国上市企业的绩效偏低；中位数为 0.05，意味着有更多的公司其 ROA 值明显高于平均值状态。另外，从标准差数据也可看出，标准差大于平均值，意味着所收集到的公司样本 ROA 值波动相对较大。对于解释变量 EI 来说，均值为 0.21，中位数为 0.17，意味着中国上市公司多元化经营较多；标准差为 0.23，也说明样本的 EI 值波动较小。上市公司规模的平均数为 22.14，中位数为 21.99，中位数值均低于平均值，意味着大部分公司的资产总值明显低于平均状态。上市公司的财务杠杆的平均值为 0.41，最大值为 0.94，最小值为 0.01，中位数为 0.39。从样本描述情况来看，样本上市公司的财务风险较低。企业性质来看，平均值为 0.38，表明有 38% 的企业为国有企业。

表 6-1　描述性统计分析

variable	max	min	mean	p50	sd
ROA	8.47	-48.31	0.04	0.05	0.56
EI	1	0	0.21	0.17	0.23
SIZE	29.54	14.94	22.14	21.99	1.35
DEBT	0.94	0.01	0.41	0.39	0.24
PRIVATE	1	0	0.38	0	0.49

二、相关性分析

由表 6-2 可知，在全部样本组，EI 对 ROA 的相关系数显著为正。进一步观察相关系数的显著性，对全部样本组而言，相关系数的正值比较小，但显著性比较好，这说明在全部样本中，企业的多元化程度与经营绩效之间存在显著但比较微弱的正相关关系。

表 6-2　相关性统计分析

	ROA	EI	SIZE	DEBT	PRIVATE
ROA	1.00	0.03	-0.02	-0.01	-0.02
		(0)	(0.02)	(0.19)	(0.10)
EI	0.01	1.00	-0.01	0.00	0.09
	(0.41)		(0.20)	(0.76)	(0)
SIZE	0.00	-0.01	1.00	0.10	0.12

续表

	ROA	EI	SIZE	DEBT	PRIVATE
	(0.95)	(0.24)		(0)	(0)
DEBT	0.01	0.00	0.09	1.00	0.01
	(0.14)	(0.63)	(0)		(0.26)
PRIVATE	-0.01	0.06	0.12	0.02	1.00
	(0.52)	(0)	(0)	(0.03)	

三、多元回归分析

由表 6-3 可知，整体样本 EI 对 ROA 的回归系数为 0.007，而且呈现 5% 水平上的显著性，这说明多元化水平会对 ROA 产生正向影响，而且这种影响具有统计学意义。此外，这个结果也与相关分析结果相吻合。另外，上市公司规模这一控制变量回归系数为 0.0021，并且呈现出 1% 水平下的显著性，意味着上市公司规模会正向影响 ROA。上市公司的财务杠杆的系数为 -0.0017，说明企业财务杠杆过高不利于企业的绩效，但是不具有统计学上的显著性；类似的企业行性质的系数为 -0.0004，说明国有企业的企业绩效对于民营企业的绩效较差，但是不具有统计意义上的显著性。

表 6-3　多元回归分析

	ROA
EI	0.0070**
	(2.09)
SIZE	0.0021***
	(3.69)
DEBT	-0.0017
	(-0.56)
PRIVATE	-0.0004
	(-0.26)

续表

	ROA
_cons	0.0013
	（0.10）
n	9104
adj. r^2	0.002

注：括号里是 t 值，* 表示 $p<0.05$，** 表示 $p<0.01$，*** 表示 $p<0.001$。

第七章

结论与建议

第一节 本书结论

本书通过梳理文献以及参考相关机构发布的权威资料，对“一带一路”背景下我国上市公司的多元化战略与企业价值之间的关系内容进行了详细说明。我们选择了2014~2018年的年度财务报告中公布了分行业资料的上市公司，对其多元化状况和经营业绩之间的关系进行了研究。研究发现，多元化程度对其经营业绩有显著的提升效果。由于国内企业普遍尚未实现规模经济，所以并不是规模越大的企业越有可能采取多元化经营战略。企业多元化经营伴生出较高的经营利润水平，能够降低经营风险，减少利润水平的大幅波动。

第一，在“一带一路”背景下，我国企业尤其是上市公司参与“一带一路”沿线国家和地区投资经营的力度越来越大，投资经营的主体由国有企业逐渐转变到国有企业和民营企业并存的局面。而且，在投资的领域及行业上，也越来越呈现多元化的趋势，由传统的能源、建筑业转向贸易、金融、互联网、文化、教育、旅游等行业多个行业多个领域并存；在“一带一路”沿线投资经营由重视规模向规模质量并重。同时，跨国并购取代绿地投资成为主要投资方式；“一带一路”建设初期，大部分“一带一路”项目均由中国企业（尤其是国有企业）提供资金支持并承接推进，现在“一带一路”项目将更具全球化和包容性特征，民营企业的参与大幅提升。此外，“一带一路”的覆盖范围将不再局限于发展中国家，意大利等更多发达国家的参与将激发更多机遇。对于亚洲和非洲国家来说，除能源、资源和基础设施外，“一带一路”还将进一步延伸至其他领域，并催生大量机遇。

第二，相关国家机构在“一带一路”企业进行投资经营的过程中，给予了大力支持，出台了一系列的投资以及经营的优惠措施。在“一带一路”建设中，我国出台了政策性贷款、税收优惠以及其他的相关政策来助力“一带一路”建设，为了更好地服务国家战略，充分发挥税收和财政在宏观调控中的职能作用，国家税务总局以及国家开发银行等政策性银行纷纷对企业的相关投资以及经营行为给予了大力支持，并且出台了相关的指导性文件对企业“走出去”给予相关的指导；咨询机构也在运用其专业能力，针对不同机遇开展调查，帮助客户避免投资失误，削减投资成本。国家发展和改革委员会副秘书长周晓飞说，国际金融机构和专业化服务机构的参与将大力推进“一带一路”建设。参与“一带一路”的跨国企业和中国国有企业也将因此得以更有效地应对不同挑战，并挖掘最佳机遇。

第三，我们基于委托代理理论、利益相关者理论、交易成本理论等理论，构建了多元化与企业绩效的理论研究范式，以及以行业为测度方式的综合多元化指标，以上市公司为样本，研究了多元化与企业绩效的关系，发现企业多元化经营可以显著提高企业的绩效，国有企业以及民营企业等不同的企业性质对于该种关系的表现有所不同，且国有企业进行多元化经营不利于提升企业的业绩，但是结果不具有统计意义上的显著性。本书主要为研究西方企业的国际多元化与企业经营提供了一种全新视角的数据支持。

第四，中国企业在“一带一路”背景下海外投资面临新的机会，同时也承受着转型升级的压力。我国上市公司不仅要从“走出去”盲目扩大海外投资规模转变为更加注重项目效益，还要创新管控模式，“走进去”深耕本地化经营，创造长期价值，更要“走上去”提升国际竞争力和品牌影响力，成为引领全球价值链的世界一流企业。实施多元化战略的企业能否享有多元化带来的诸多红利则取决于企业能否有效地管理其价值驱动因素。对实行多元化投资的中国上市公司来说，持续增长是一个复杂的、具有重要理论意义的战略目标。对此，我们建议在“一带一路”背景下进行多元化投资经营时，需要企业合理控制多元化经营的程度，促进企业金融资源的协同，培育企业核心竞争能力，选择合适的管理模式以提升管理效能。

第五，由于企业的多元化是一个过程，企业所处的阶段以及企业所在国家、投资国的法制建设情况、制度环境等诸多的影响因素均能对企业绩效产生影响。再者，企业的创新能力、科研投入的水平、企业家的个人特质、海外经历等都可能成为多元化对于企业绩效的影响的机制和路径，以后的研究可以在这一方面加以细化。同时，结合实证研究的目标和细化指标，依据海外“一带一路”上市公司股权结构的类型，确定研究的具体的上市公司的特性，进而选取细致的、有针对性的代理指标，构建相应的实证分析模型，可以使研究结论更加贴合上市公司的实际，之后的研究可以在这一方面进行更进一步的研究。

第二节　本书建议

为趋利避害，提升企业的经营绩效，中国企业在实施多元化战略时，需要有精心的制度设计，不仅需要洞察企业外部的经营环境顺势而为，而且需要整合企业内部的资源做到量力而行。以下为本书的几点建议：

一、合理控制多元化经营的程度

理论研究的结果表明，基于企业现有资源和能力共享的相关性多元化在管理成本和风险控制方面更具有经营优势。虽然中国的经济发展速度较快，投资和发展机会较多，但中国企业还是应该从自身的资源和能力出发，优先发展相关性多元化。

如果因盲目多元化造成多元化程度过高，或者因行业竞争状况、市场供求关系变化等原因，使多元化企业的某些业务不能满足市场竞争的要求，企业则可以实施“归核化”战略优化资源结构。“归核化”并不是简单的专业化，而是对多元化经营的修正和整合，它着力于企业的核心资源与能力以控制多元化经营的程度与范围，强调企业资源结构的优化和平衡。中国企业可以选择合适时机通过资本市场将某些项目进行剥离，这一方面可以优化和调整企业多元化经营的资源结构，另一方面也可以获取投资利润回报。

二、促进企业金融资源的协同

中国企业实施相关多元化经营战略，则应以企业现有资源为基础，实现资源共享的协同效应，延伸和拓展产业链，占据价值链的高端地位。如果企业属于行业跨度较大且缺乏经营协同效应的非相关多元化经营，则需要更加重视建立企业内部的资本市场。其实无论是相关性多元化，还是非相关性多元化，金融资源协同都是促进企业快速发展的重要因素。

中国的资本市场并不发达，而多元化经营在某种程度上可以弥补这一缺陷，解决专业化经营现金流入来源较为单一的问题，把原来属于外部独立经营的业务划归企业内部，形成企业内部的资本市场。中国多元化企业通过行业投资布局的选择、开发内源性融资资源、实行内部企业之间信用互保等方式，从理论上可以具有比专业化企业更强的融资能力，既可以为新项目投资提供资金支持，又可以减小单一业务步入低谷周期时的经营风险。

中国多元化企业金融协同的关键点在于现金流量的平衡和优化，应坚持以下两项策略：一是保持和提升多元化企业最优的整体资信等级，以利于从外部资本市场获得更好的融资机会和融资条件，构建最低成本的融资渠道；二是以多元化企业内部各业务板块独立融资与采取竞争性手段获取企业整体资金分配相结合的方式，提升融资的数量和资金的使用效率。针对企业内部现金流特征、投资收益率和风险特征各异的业务组合，通过采用不同的金融工具，隔离业务风险，实现企业内部金融协同的目标。

三、培育企业核心竞争能力

Prahalad 和 Hamel（1990）如此描述企业的核心竞争能力：“核心能力是组织中的积累性学识，特别是关于如何协调不同生产技术和有机结合各种技术流的学识。”对于中国企业的多元化战略而言，无论是技术研发、生产制造、营销渠道、财务资源等硬能力，还是品牌影响力、商业模式、管理技能、资本运营等软能力，这些核心竞争能力在企业所从事的不同行业之间的可转移性、可嫁接性是中国企业多元化经营成败的关键性因素。

四、选择合适的管理模式以提升管理效能

中国多元化企业选择合适的管理模式事实上是 Chandler（1962）提出的“战略决定结构，结构追随战略”的应用性的表述方式。中国企业无论是选择集权化的运营控制模式还是分权化的财务控制模式、战略控制模式，都必须立足于行业跨度和企业管理能力之间的匹配程度，必须兼顾速度与效益、发展和稳定、多元化和专业化三者之间的平衡性，充分发挥专业化经营与多元化经营相结合的资源集成优势。

参考文献

[1] Aggarwal R., Erel I., Stulz R., et al. Differences in Governance Practices Between U.S. and Foreign Firms: Measurement, Causes, and Consequences [J]. Review of Financial Studies, 2009, 22 (8): 3131–3169.

[2] Alchiain A., Demsetz H. Production Information Costs and Economic Organizations [J]. American Economic Review, 1972, 62: 777–795.

[3] Ansoff H. I. Critique of Henry Mintzberg's "The Design School: Reconsidering the Basic Premises of Strategic Management" [J]. Strategic Management Journal, 1991 (12): 449–461.

[4] Chandler A.Strategy and Structure: Chapter in the History of the American Industrial Enterprise [M].Cambridge MA: MIT Press, 1962.

[5] Augustin L., Nair V. B., Wulf J. Trade–offs in Staying Close: Corporate Decision Making and Geographic Dispersion [J]. The Review of Financial Studies, 2009, 22 (3): 1119–1148.

[6] Lu J., Beamish P. W. International Diversification and Firm Performance: The S–Curve Hypothesis [J]. The Academy of Management Journal, 2004, 47 (4): 598–609.

[7] Berger P. G. Diversification's Effect on Firm Value [J]. Journal of Financial Economics, 1995, 37 (1): 39–65.

[8] Berry C. H. Corporate Growth and Diversification [J]. Journal of Law and Economics, 1971, 14 (2): 371–383.

[9] Bolton P., Scharfstein D. S. Corporate Finance, The Theory of the Firm, and Organizations[J]. Journal of Economic Perspectives, 1998, 12(4):

95–114.

［10］Campa J. M., Kedia S. Explaining the Diversification Discount［J］. Journal of Finance, 2002, 57（4）：1731–1762.

［11］Chandler A. D. 战略与结构：美国工商企业成长的若干篇章［M］. 昆明：云南人民出版社，2002.

［12］Chandler A. Strategy and Structure：Chapter in the History of the American Industrial Enterprise［M］.Cambridge，MA：MIT Press，1962.

［13］德勤 . 2019 "一带一路" 报告——展望空间，把握新机遇［J］. 科技中国，2019（6）：28–35.

［14］Collis D. J., Montgomery C. A. Corporate Strategy：Resources and the Scope of the Firm［M］. Chicago：Irwin，2005.

［15］Denis D. J., Denis D. K., Sarin A. Ownership Structure and Top Executive Turnover［J］. Journal of Financial Economics, 1997, 45（2）：193–221.

［16］Fauver L., Houston J. F., Naranjo A. Capital Market Development, Integration, Legal Systems, and the Value of Corporate Diversification：A Cross–Country Analysis［J］. Journal of Financial and Quantitative Analysis, 2003, 38（1）：135–158.

［17］Goossen L. J., Rodriguez N., Melzer B., et al. Biaryl Synthesis via Pd–catalyzed Decarboxylative Coupling of Aromatic Carboxylates with Aryl Halides［J］. Journal of the American Chemical Society, 2007, 129（15）：4824–4833.

［18］Gort M. Systematic–errors in Budgeting Capital Outlays［J］. Review of Economics and Statistics, 1962, 44（1）：72–75.

［19］Gourlay C. W., Carpp L. N., Timpson P., et al. A Role for the Actin Cytoskeleton in Cell Death and Aging in Yeast［J］. Journal of Cell Biology, 2004, 164（6）：803–809.

［20］Heath B.D., Butcher R. D., Whitfield W. G., et al. Horizontal

Transfer of Wolbachia between Phylogenetically Distant Insect Species by a Naturally Occurring Mechanism [J] . Current Biology CB : 1999, 9 (6): 313–316.

[21] Heaton J., Korajczyk R. Introduction to Review of Financial Studies Conference on Market Frictions and Behavioral Finance [J] . Review of Financial Studies, 2002, 4 (15): 353–362.

[22] Hitt M. A., Tihanyi L., Miller T., Cornelly B. International Diversification : Antecedents, Outcomes, and Moderators [J] . Social Science Electronic Publishing, 2009, 32 (6): 3–4.

[23] Holmstrom B., Kaplan S. N. Corporate Governance and Merger Activity in the United States : Making Sense of the 1980s and 1990s [J] . Journal of Economic Perspectives, 2001, 15 (2): 121–144.

[24] Holod D., Peek J. Capital Constraints, Asymmetric Information, and Internal Capital Markets in Banking : New Evidence [J] . Journal of Money Credit and Banking, 2010, 42 (5): 879–906.

[25] Hopkins G. C. Once–through Thorium Fuel Cycle Evaluation for TVA' s Browns Ferry–3 Boiling Water Reactor [R] . 1982.

[26] Humphery–Jenner, Mark. Diversification in Private Equity Funds : On Knowledge Sharing, Risk Aversion, and Limited Attention [J] . Journal of Financial and Quantitative Analysis, 2013, 48 (5): 1545–1572.

[27] Ito Y., Hikino M., Yajima Y., et al. Structural Characterization of the Epitopes of the Monoclonal Antibodies 473HD, CS–56, and MO–225 Specific for Chondroitin Sulfate D–type Using the Oligosaccharide Library [J] . Glycobiology, 2005, 15 (6): 593–603.

[28] Jacquemin A. P., Berry C. H. Entropy Measure of Diversification and Corporate Growth [J] . Journal of Industrial Economics, 1979, 27 (4): 359–369.

[29] Wulf J. Influence and Inefficiency in the Internal Capital Market [J] .

Journal of Economic Behavior and Organization, 2009, 72（1）: 305–321.

[30] Khanna T., Yafeh Y. Business Groups in Emerging Markets : Paragons or Parasites? [J]. Social Science Electronic Publishing, 2007, 45(2): 331–372.

[31] Lewellen W. G. A Pure Financial Rationale for the Conglomerate Merger[J]. Journal of Finance, 1971, 26（2）: 521–537.

[32] Maki A. G., Gott C. T. Vibration–Rotation Spectra of BrCN [J]. The Journal of Chemical Physics, 1962, 36（9）: 2282–2285.

[33] Mansi S. A., Reeb D. M. Corporate International Activity and Debt Financing [J]. Journal of International Business Studies, 2002, 33（1）: 129–147.

[34] Matsusaka, John G. Corporate Diversification, Value Maximization, and Organizational Capabilities [J]. Journal of Business, 2001, 74（3）: 409–431.

[35] Robert C. Moussetis. Ansoff Revisited : How Ansoff Interfaces with both the Planning and Learning Schools of Thought in Strategy [J]. Journal of Management History, 2011, 17（1）: 102–125.

[36] Murphy K. J., Jensen M. C. Performance Pay and Top Management Incentives [J]. Journal of Political Economy, 1990, 98（2）: 225–264.

[37] Murphy K. M., Shleifer A., Vishny R. Income Distribution, Market Size, and Industrialization[J]. Quarterly Journal of Economics, 1989, 104(3): 537–564.

[38] Myers S. C. Finance Theory and Financial Strategy [J]. Interfaces, 1984, 14（1）: 126–137.

[39] Myerson R. B. Cooperative Games with Incomplete Information [J]. International Journal of Games Theory, 1982, 13（2）: 69–96.

[40] Oliver E. W. Markets and Hierarchise : Analysis and Anti–trust Implications[M]. New York : The Free Press, 1975.

[41] Penrose E. T. Profit Sharing between Producing Countries and Oil Companies in the Middle East [J] . Economic Journal, 1959, 69 (274): 238–254.

[42] Penrose O., Onsager L. Bose–Einstein Condensation and Liquid Helium [J] . Physical Review, 1956, 104 (3): 576.

[43] Perry C. L., Grant M. Comparing Peer–led to Teacher–led Youth Alcohol Education in four Countries [J] . Alcohol Health and Research World, 1988, 12 (4): 322–326.

[44] Phillips K. M., Patterson K. Y., Rasor A. S., et al. Quality–control Materials in the USDA National Food and Nutrient Analysis Program (NFNAP) [J] . Analytical and Bioanalytical Chemistry, 2006, 384 (6): 1341–1355.

[45] Polk C. Does Diversification Destroy Value? Evidence from Industry Shocks [J] . Journal of Financial Economics, 2002, 63 (1): 51–77.

[46] Qian G., Li L., Li J., et al. Regional Diversification and Firm Performance [J] . Journal of International Business Studies, 2008, 39 (2): 197–214.

[47] Roll R. The Hubris Hypothesis of Corporate Takeovers [J] . Journal of Business, 1986, 59 (2): 197–216.

[48] Rumelt R. P. Strategy, Structure and Economic Performance [M] . Boston : Harvard University Press, 1974.

[49] Scharfstein D. S., Stein J. C. Herd Behavior and Investment : Reply [J] . American Economic Review, 2000, 90 (3): 705–706.

[50] Schoar A. Effects of Corporate Diversification on Productivity [J] . The Journal of Finance, 2002, 57 (6): 2375–2403.

[51] Shin H. H., Stulz R. M. Are Internal Capital Markets Efficient? [J] . Quarterly Journal of Economics, 1998, 113 (2): 531–552.

[52]Teece D. J. Towards an Economic Heory of the Multiproduct Firm[J]. Journal of Economic Behavior and Organization, 1982, 3 (1): 39–63.

[53] Teece D. J. The Diffusion of an Administrative Innovation [J] . Management Science, 1980, 26 (5): 464–470.

[54] Williamson Oliver E. Markets and Hierarchies : Some Elementary Considerations [J] . American Economic Review, 1973, 63 (2): 316–325.

[55] Wrigley A. A. Finance and Development in Thailand [J] . Finance and Development in Thailand, 1970, 23 (1): 1483–1498.

[56] Yang Y., Narayanan V. K., De Carolis D. M. The Relationship between Portfolio Diversification and Firm Value : The Evidence from Corporate Venture Capital Activity [J] . Strategic Management Journal, 2015, 35 (13): 1993–2011.

[57] 艾健明，柯大钢 . 多元化战略与管理保护：基于中国上市公司进入新行业的视角 [J] . 管理评论，2007，19 (4)：29–34.

[58] 白芳 . 基于企业生命周期视角的财务战略和行为研究 [D]. 成都：西南财经大学博士学位论文，2013.

[59] 陈信元，黄俊 . 政府干预、多元化经营与公司业绩 [J] . 管理世界，2007 (1)：92–97.

[60] 陈志军，王本东 . 基于中小企业多元化战略的探讨 [J] . 山东社会科学，2008 (2)：88–91.

[61] 邓新明 . 我国民营企业政治关联、多元化战略与公司绩效 [J] . 南开管理评论，2011，14 (4)：4–15.

[62] 丁栋虹，金燕 . 企业多元化程度与经营绩效关系研究——以美国、日本 IT 企业为例 [J] . 上海管理科学，2015 (6)：7–13.

[63] 方军雄 . 政府干预、所有权性质与企业并购 [J] . 管理世界，2008 (9)：118–123.

[64] 郭娜 . 我国信息技术行业上市公司多元化战略与企业绩效的实证分析 [D] . 成都：西南财经大学硕士学位论文，2010.

[65] 韩忠雪，朱荣林 . 多元化公司内部资本市场理论研究 [J] . 外国经济与管理，2005 (2)：38–43.

［66］何源．多元化经营与企业价值［D］．杭州：浙江大学硕士学位论文，2018.

［67］贺远琼，杨文．高管团队特征与企业多元化战略关系的 Meta 分析［J］．管理学报，2010，7（1）：91–97.

［68］洪道麟，熊德华．中国上市公司多元化与企业绩效分析——基于内生性的考察［J］．金融研究，2006（11）：36–46.

［69］贾良定，张君君，钱海燕，崔荣军，陈永霞．企业多元化的动机、时机和产业选择——西方理论和中国企业认识的异同研究［J］．管理世界，2005（8）：94–104.

［70］姜付秀，刘志彪，陆正飞．多元化经营、企业价值与收益波动研究——以中国上市公司为例的实证研究［J］．财经问题研究，2006（11）：27–35.

［71］蒋冠宏，蒋殿春．中国企业对外直接投资的"出口效应"［J］．经济研究，2014（5）：162–175.

［72］蒋先玲，秦智鹏，李朝阳．我国上市公司的多元化战略和经营绩效分析——基于混合并购的实证研究［J］．国际贸易问题，2013（1）：158–167.

［73］金天，余鹏翼．股权结构、多元化经营与公司价值：国内上市公司的证据检验［J］．南开管理评论，2005，8（6）：80–84.

［74］金晓斌，陈代云，路颖，等．公司特质、市场激励与上市公司多元化经营［J］．经济研究，2002（9）：67–73.

［75］金晓斌，陈代云．公司特质、市场激励与上市公司多元化经营［J］．经济研究，2002（9）：67–73.

［76］康荣平，柯银斌．多元化经营的战略途径［J］．企业改革与管理，1999（4）：24–25.

［77］李严，庄新田，罗国锋，马世美．风险投资策略与投资绩效——基于中国风险投资机构的实证研究［J］．投资研究，2012（11）：88–100.

［78］刘力．多元化经营及其对企业价值的影响［J］．经济科学，1997

（3）：68–74.

［79］毛蕴诗 . 多元化经营三维模型及多元化经营的几个命题［J］. 中山大学学报（社会科学版），2004，44（6）：211–217.

［80］戚永红，宝贡敏 . 知识利用与知识开发：多角化的学习观［J］. 科技进步与对策，2004，21（7）：103–106.

［81］邵军，刘志远 .“系族企业”内部资本市场有效率吗？基于中国“系族企业”的实证检验［J］. 中国会计评论，2009（3）：271–282.

［82］沈红波 . 我国上市公司的多元化战略与公司绩效［J］. 上海管理科学，2007，29（2）：7–11.

［83］苏冬蔚 . 多元化经营与企业价值：我国上市公司多元化溢价的实证分析［J］. 经济学（季刊），2005，4（S1）：139–162.

［84］孙维峰，孙华平 . 国际多元化、代理成本与资本结构——来自中国上市公司的经验证据［J］. 系统工程理论与实践，2014，34（10）：2556–2564.

［85］王峰娟，谢志华 . 内部资本市场效率实证测度模型的改进与验证［J］. 会计研究，2010（8）：42–48.

［86］王力军，童盼 . 民营上市公司控制类型、多元化经营与企业绩效［J］. 南开管理评论，2008，11（5）：31–39.

［87］王敏，吴小芳，陈勇 . 多元化经营对上市公司财务绩效的影响及其差异——基于成长期与成熟期企业的实证与比较［J］. 湖南农业大学学报（社会科学版），2018（4）：85–91.

［88］巫景飞，何大军，林玮，王云 . 高层管理者政治网络与企业多元化战略：社会资本视角——基于我国上市公司面板数据的实证分析［J］. 管理世界，2008（8）：107–118.

［89］夏维力，张文亮，姜继娇 . 上市公司多元化与投资风险及收益关系实证研究［J］. 科技管理研究，2007，27（2）：139–141.

［90］徐彦武 . 多元化投资与制造业上市公司绩效的相关分析［J］. 东南大学学报（哲学社会科学版），2009（3）：51–55.

［91］徐勇，贾键涛．多元化投资策略对创业投资绩效影响的研究——基于中国创业投资的经验证据［J］．中山大学学报（社会科学版），2016，56（5）：151–160.

［92］许奇挺．内部资本市场有效性研究［D］．杭州：浙江大学博士学位论文，2008.

［93］杨锦之，洪渊．从中航油事件看金融衍生品交易的风险管理［J］．当代财经，2007（3）：47–51.

［94］杨鑫，金占明，李鲲鹏．多种行业因素与多元化战略的关系研究——基于中国上市公司的实证研究［J］．南开管理评论，2010，13（6）：41–49.

［95］姚铮，金列．多元化动机影响企业财务绩效机理研究：以浙江民企雅戈尔为例［J］．管理世界，2009（12）：137–149.

［96］游家兴，邹雨菲．社会资本、多元化战略与公司业绩——基于企业家嵌入性网络的分析视角［J］．南开管理评论，2014，17（5）：91–101.

［97］于克信，谢佩洪．转型期中国企业多元化经营的制度根源及范式构建研究［J］．管理世界，2011（7）：180–181.

［98］余鹏翼，李善民，张晓斌．上市公司股权结构、多元化经营与公司绩效问题研究［J］．管理科学，2005，18（1）：79–83.

［99］张纯，高吟．多元化经营与企业经营业绩——基于代理问题的分析［J］．会计研究，2010（9）：73–77.

［100］张红，高帅，李维娜．中国房地产上市公司多元化与企业绩效关系［J］．清华大学学报（自然科学版），2015（9）：977–983.

［101］张红，高帅，张洋．多重视角下公司治理水平对企业绩效的影响分析——来自房地产上市公司的证据［J］．南京审计大学学报，2015，12（2）：3–11.

［102］张敏，黄继承．政治关联、多元化与企业风险——来自我国证券市场的经验证据［J］．管理世界，2009（7）：156–164.

［103］张翼，李习，许德音．代理问题、股权结构与公司多元化［J］．

经济科学，2005（3）：90–99.

［104］张翼，刘巍，龚六堂 . 中国上市公司多元化与公司业绩的实证研究［J］. 金融研究，2005（9）：122–136.

［105］周杰，薛有志 . 治理主体干预对公司多元化战略的影响路径——基于管理者过度自信的间接效应检验［J］. 南开管理评论，2011（1）：67–76+108.

［106］朱江 . 我国上市公司的多元化战略和经营业绩经济研究［J］. 经济研究，1999（1）：54–61.

［107］朱荣林 . 势在必行何不行：论国有股法人股流通问题［J］. 上海经济，2000（2）：6–7.

［108］朱武祥 . 金融系统资源配置功能的有效性与企业多元化——兼论企业集团多元化策略［J］. 管理世界，2001（4）：137–144.